魚傳尺素

# 紙來成古今

[illegible]辛丑傅申題

## 近現代名人書翰百通

夏子魁 編

西泠印社出版社

# 前言

馬忠文

近些年出版的名人書札大致可以分爲兩種類型。一類是存札，也稱往來書札，或友朋書札，是歷史上名人保存下來的親朋師友的書信，這些信函是整體有序傳承下來的。另一類書札則是收藏家圍繞某種主題，通過拍賣市場或私人交換，集腋成裘，一封封搜集起來的，是收藏活動的産物。前一種類型的書札，書信之間保留了原有的歷史聯繫，頗受歷史學家的重視。比較來説，怎樣認識由收藏家編輯刊行的名人書札集的學術價值和文化意義，人們的關注似乎還不够，需要從更積極的意義上予以考量。『九〇後』收藏家夏子魁先生編輯的《往來成古今——近現代名人書翰百通》即將出版，這本書爲認識和發掘收藏版名人書札的文化價值提供了一個鮮活的樣板。

身處信息高度發達的時代，人們獲取各種知識的途徑和方法早已多元化了。傳統的讀書方式自不待言，而更多人習慣瀏覽網頁，查閱微信、博客，隨意隨心，快餐式的求知方式已經深深影響着新一代人的生活。抱着一本厚重的歷史書去啃讀的讀者似乎越來越少，倒是『極簡本』的歷史讀物紛紛出現在書店裏、書攤上。這是生活節奏加快和閲讀習慣變化帶來的新現象。就此看來，翻閲一本圖文并茂的名人手札，不正是另一種賞心悦目的讀史方式嗎？

欣賞書信時産生的歷史感，似乎超過其他讀物。書信可以傳遞消息，溝通情感，是一種天然有着温情的文獻，很容易引起讀者的共鳴。從書信中發現歷史故事，早已是影視藝術選擇的切入點。近年拍攝的紀録片《書簡閲中國》便是以書信爲題，講述一個個感人的故事，借以窺見人物的内心世界，領悟書信背後先賢的智慧和情感。顯然，書札可以作爲歷史來讀。何况，按照一個特定主題，將分散的名人書札彙集起來，提供給讀者，這本身就很有創意。

風雲激蕩的中國近百年歷史中，涌現出各類影響深遠的人物，他們的事迹也爲一代代國人所深知。將他們的手札墨迹集中在一起閲覽，很快能在頭腦中閃現百年中的歷史片段和名流風采。夏子魁先生編輯的這本書札集中總計收入一百位近現代名人的墨迹，信札作者有中國共産黨早期領導人李大釗、陳獨秀，領導禁烟的民族英雄林則徐，倡導洋務自强的晚清大吏曾國藩、李鴻章，收復新疆、捍衛祖國權益的左宗棠，經學大家俞樾、黄侃，知名學者王國維、馬衡、馬一浮、胡適、傅斯年、熊十力，詩人、文學家徐志摩、朱自清、郁達夫、林紓，畫家吴昌碩、齊白石、徐悲鴻，藏書家繆荃孫、葉德輝、羅振玉。還有教育家蔡元培，革命黨人章太炎、黄興，維新派康有爲、梁啓超，『戊戌六君子』中的楊鋭、林旭。凑巧的，這本書裏，還有陳寶箴、陳三立、陳寅恪祖孫三代人的書信墨迹。看到這些手迹，總能重温歷史，唤起對這些近現代名人的記憶。

欣賞書札的收穫可以是多層次的，可以由表及裏、深入遞進的。匆匆翻閲書札，領略名人風采，可以給人以直觀的感受，而進入到書札内容則到了另一番天地。起初收藏者就是沿着這個路徑走進歷史的。收藏者出於興趣，爲了把一封書信研究透徹，開始查閲資料，搜集寫信人、收信人的情况，瞭解信中的内容和其背後的故事，一來二去，便獲取了豐富的歷史知識。欣賞名人手札，又何嘗不是如此呢？所不同者，編者已對書信做了釋讀和注解，爲讀者欣賞書札提供了更好的路徑。除了内容，欣賞書札，還可以帶給閲讀者多方面的啓發。

從書法欣賞的角度分析，由這一百位作者的墨迹我們大致可以瞥見近現代書法變化的脉絡。受過科舉訓練的晚清官員的書法，自然勝過民國時期的人物。從吴大澂、陸潤庠、王懿榮、瞿鴻禨、洪鈞、張謇等人的墨迹中，多少還能窺出館閣體翰林書法的影子，民國時期新派人物的書信已經不能以清人書藝的標準來苛求了。畢竟，時代變了，硬筆已廣泛使用，書寫的風尚也多不同。就個人書法而言，譚延闓、譚澤闓兄弟是清末重臣譚鍾麟的公子，他們自幼習顔體，并以父執翁同龢的書法爲楷模，練就了一手功力深厚的顔體字；袁克定用章草風格寫的信也并不多見。從這些名門之後的書信中，隱約可見舊時代官宦門第對子弟書法教育的重視。

書札的特點、風格與作者的特定身份也有一定關係。書中胡林翼、彭玉麟、喬松年、馬新貽這些晚清地方大員的書信都是在鎮壓太平軍、捻軍時期寫的，令人想到戎馬倥偬、『軍書旁午』的情景，他們寫信時衹求實用，用紙用墨概不講究。相反，那些名翰林出身、長期生活於京城的官員，如潘祖蔭、翁同龢、王懿榮、張之洞、瞿鴻禨、吴大澂、鄭文焯、傅增湘等人，他們寫信時所用的箋紙、筆墨則十分考究，筆墨間時時流露出文人的閑情逸致，史料價值未必上乘，藝術價值却高人一籌。這些差异，也衹有在一本不同人物的書札集中纔能清晰比較出來。

從整體上考察書中各札箋紙的特點，也可看出時代變遷的痕迹。清季人們寫信普遍采用花箋，箋紙樣式十分豐富。

金石學家吳雲、吳大澂所用箋紙更是別具一格：或是瓦當圖案，或是漢石經字雙鈎箋，落款還要鈐朱、白文印章，舉動之間飽含精緻的文化韵味。進入民國時期，大部分箋紙形式明顯單一，人們寫信多用八行或九行格紙，風尚所致，開始出現印有機構和團體名稱的公用信箋，如『沈鈞儒律師用箋』『吳湖帆陳子清畫師事務所用箋』。又如，徐悲鴻用『國立北平藝術專科學校』信箋，鄒韜奮用『中華職業教育社用箋』，傅斯年用『國立中央研究院用箋』，朱自清用『國立清華大學用箋』。當然，一些舊式文人用箋仍然考究，溥儒、經亨頤、馬衡用花箋，傅增湘用箋則是以其藏書樓命名的自用箋。新舊相間，正是過渡時代的鮮明特色。

箋紙不僅用來寫信，也用來抄寫詩作，贈送師友唱和吟咏，所以往往與書信相伴留存。精美的箋紙和詩文，相映成趣，最能表達傳統文人的情懷。江瀚致尚小雲、吳昌碩致成多祿、齊白石致胡鄂公、馬衡致唐弢的詩札數頁，也是本書中的精品，值得細細品味。

近年來進入拍賣市場的名人書札越來越多，一些長期秘藏的珍貴書信被披露於世，成爲收藏界的『寵兒』，受到各界朋友的關注。從拍賣圖録的簡介，到網站平臺的展示，很多名人書信開始進入藝術欣賞和學術研究的領域，發揮出獨特的歷史文化價值。但是，因爲拍賣公司對拍品內容的局部公布和拍品的頻繁流轉，不少書札時隱時現，讀者和學界往往難窺全豹，多少有些令人遺憾。子魁先生編輯的這些書札，圖文俱佳，且有釋文，可泛讀，也可精研，堪稱一道精美的文化佳肴。這樣的文化善舉，把收藏、學術、欣賞聯動起來，可滿足讀者的興趣和需求，真正值得『點贊』和支持。

# 目録


林則徐書札 ○○二

翁心存致楣生書札 ○○四

耆齡致武廷輝書札 ○○六

吴雲致洛英書札 ○○九

曾國藩致周輯瑞書札 ○一三

胡林翼致黄倬書札 ○一五

左宗棠致衛榮光書札 ○二一

喬松年致英翰書札 ○二四

彭玉麐致沈葆楨書札 ○二九

郭嵩燾致李仲絜書札 ○三四

馬新貽致英翰書札 ○三七

俞樾致費念慈書札 ○四一

李鴻章致沈葆楨書札 ○四三

王韜致重野安繹書札 ○四九

趙之謙致潘祖蔭書札 ○五一

潘祖蔭致小雲書札 ○五三

翁同龢致翁康孫書札 ○五六

陳寶箴致梁鼎芬書札 ○五八

張曜致福潤書札 ○六○

吴大澂致張之洞書札 ○六二

聶士成致龔照璵書札 ○六五

張之洞致焦佑瀛書札 ○六八

洪鈞致顧壽喬書札 〇七〇
馬相伯致曹梁厦書札 〇七四
奕譞書札 〇七六
陸潤庠致春巖書札 〇七八
吕海寰致吴重憙書札 〇八二
吴昌碩致成多禄詩札 〇八五
繆荃孫致徐乃昌書札 〇八八
盛宣懷致吕海寰書札 〇九一
王懿榮致仲老書札 〇九四
沈曾植致徐乃昌書札 〇九八
瞿鴻禨致李輔耀書札 一〇〇
陳三立致陳方恪書札 一〇七
林紓致成多禄書札 一一〇
江瀚致尚小雲詩札 一一四
張謇致章邦直書札 一一六
嚴復致孫壯書札 一一八
張勳致姜桂題書札 一二〇
徐世昌致劉仲魯書札 一二六
鄭文焯致成多禄書札 一二八
楊鋭致梁鼎蕃書札 一三二
康有爲致康有九書札 一三四
李盛鐸致張建勛書札 一三八
袁世凱致陳學棻書札 一四〇
汪康年致王舟瑶書札 一四二
齊白石致胡鄂公诗札 一四四
葉德輝致孫毓修書札 一四六

黄賓虹致汪慎生書札　一四八
唐文治致瞿啓甲書札　一五一
羅振玉致徐乃昌書札　一五四
蔡元培致孫壯書札　一五六
李瑞清致筱崎都香佐書札　一五八
林森書札　一六四
章太炎致岑春煊書札　一六六
熊希齡致胡適書札　一六八
褚德彝致劉世珩書札　一七一
張伯英致張允慈書札　一七四
傅增湘致錢稻孫書札　一七六
梁啓超致王紹賢書札　一七八
黄興致張承櫆書札　一八五
沈鈞儒致阮毅成書札　一八八
林旭致梁鼎芬書札　一九〇
經亨頤致陳鍾琪書札　一九二
王國維致沈曾植書札　一九五
吴徵致吴仲坰書札　一九七
袁克定致徐世昌書札　一九九
于右任致賈景德書札　二〇四
陳獨秀致何遂書札　二〇九
柳詒徵致阮毅成書札　二一三
譚延闓致李寶祥書札　二一五
徐樹錚致張伯英書札　二一八
馬衡致唐弢詩札　二二〇
張宗祥致陳垣書札　二二三

馬一浮致賀昌群書札　二二六
呂碧城致王一之、李昭實書札　二三〇
馬叙倫致阮毅成書札　二三二
謝无量致于右任書札　二三四
熊十力致卞孝萱題詞　二三六
李濟深致胡鄂公書札　二三八
黄侃致潘重規、黄念容書札　二四一
譚澤闓致過翁書札　二四三
李大釗致李辛白書札　二四七
太虛法師致葦舫法師書札　二五一
陳寅恪致商務印書館書札　二五三
袁克文致喻逸芬書札　二五五
胡適致曹梁廈、胡敦復、胡憲生書札　二五八
陶行知致王雲五書札　二六一
劉文典致王雲五書札　二六三
吴湖帆致陳子清書札　二六八
徐悲鴻致吴俊升書札　二七一
鄒韜奮致胡適書札　二七三
傅斯年致李濟書札　二七五
溥儒致張其昀書札　二七七
陳之佛致阮毅成書札　二八〇
郁達夫致王映霞書札　二八四
徐志摩致蔣百里書札　二八六
羅家倫致曹梁廈書札　二八八
朱自清致朱之彦書札　二九一
傅抱石致林雪岩書札　二九三

往来成古今

## 林則徐書札

昨據海州等來稟，獲犯地方係『九里七』。徐亦恐『七』字是『集』字之訛，今早向道府詢及，或云彼處有『七里七』及『九里七』等地名，未知果可靠否。如覺不類，即祈改作『九里集』，何如？

統惟酌定，順請時安，不一。

徐頓首。

**林則徐**（一七八五—一八五〇），字少穆，晚號俟村，福建侯官人。嘉慶十六年（一八一一）進士。官至江蘇巡撫、湖廣總督、陝甘總督、雲貴總督。卒後，追贈太子太傅，照總督例賜恤，謚文忠。

昨接海州等來書，獲犯地方係九里
七洞，亦照七字是集字之誤否？早向道府
詢及，據云彼處有七里七及九里七等地名，未
知果可靠否？如實不類，即祈
改作九里集何如？候推
酌定。順請
時安。不一。　海甫

## 翁心存致楣生書札

頃得涿州探報，五台地方有滋擾情事，是賊是土匪，尚未的確。參贊大臣已派培都統帶兵由紫荆關馳剿。又，日前都城盤獲奸細，係懷來縣人（的是奸細）。居庸一路盤查，宜益加嚴密，切勿大意，仍須遠行偵探，密速飛報爲要，切切。北路安静否，兵行無擾否？

即候楣生年兄升安。

生翁心存頓首，九月十九日戌刻，現在府署。

小棠京兆囑筆致意。

**翁心存**（一七九一—一八六二），字二銘，號邃庵，江蘇常熟人。道光二年（一八二二）進士。官至工部尚書、兵部尚書、協辦大學士、體仁閣大學士。卒後，追贈太子太保，謚文端，入祀賢良祠。著有《知止齋文集》等。

頃得涿州探報五台地方有滋擾情事是賊是土匪尚未的確參贊大臣已派瑞都統帶兵由紫荊關馳剿又日前都城盤獲奸細係懷來縣人居（的是奸細）庸一路盤查宜益加嚴密切勿大意仍須遠行偵探密速飛探為要切切北路安靜否兵行無擾否即祈楣生年兄升安生弟榮頓

九月十九日戌刻

現在府署 小棠弟兆暻筆陂之意

# 耆齡致武廷輝書札

蘭谿三兄大人左右：

承示星衢兄書，具悉一切。此案本係微事，奉制軍嚴札飭拿。迨獲人鹽，係弟請認真研訊，當經吾兄訊。據供認借銀興販，獲利派分，弟即據供分咨各省，已成鐵案。弟就事論事，本無容心，今欲從寬，何如先不究辦？且既欲將就了結，必須大改供情，是豈左右承審不實耶，抑係弟文致周納耶？使弟無端受刻薄之誚，誠非所願。設省中將來辦結與原案不符，弟斷不能無言。

特此，復請時安。目痛不能作字，恕之。

愚弟耆齡頓首。

**耆齡**（一八〇四—一八六三），字九峰，號蠖齋，伊爾根覺羅氏，滿洲正紅旗人。道光十七年（一八三七）舉人。官至江西巡撫、廣東巡撫、閩浙總督、福州將軍。卒後，賜恤，謚恪慎。

蘭棘三見夫人處右承
示聖御見出其書看此畫草儀
孔孝素前年舊札楊孝造糧人皆云
伱蓉市請誤矣須洋當何至云
况謮檀供訪信訖興販糧利沉今勿耶
擔供所治彥已戌錢堅亦然事論
事事云寬以不將隍寬且见不寬辭
且見将将欽了信忘須不放恨傳是耶

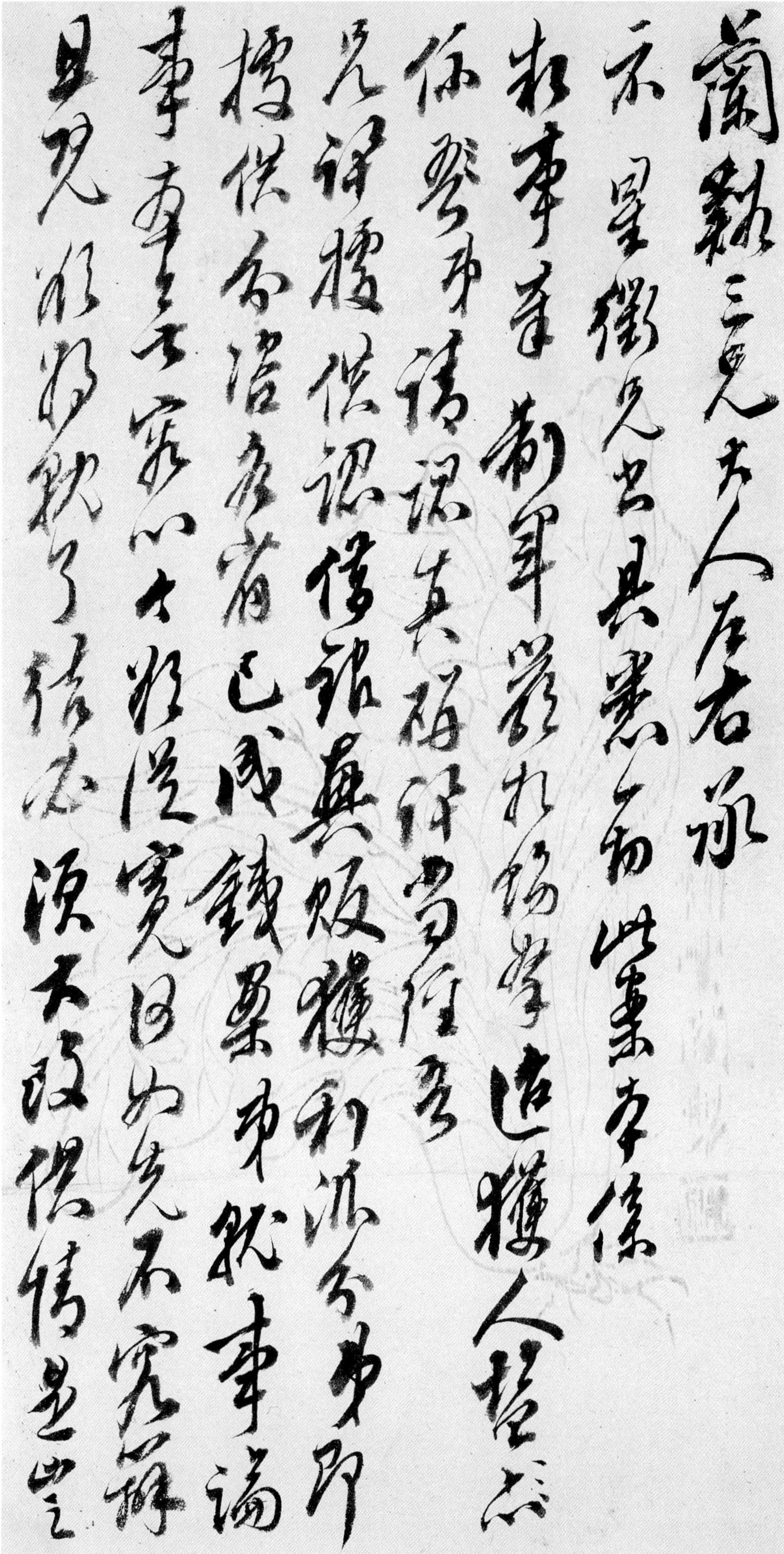

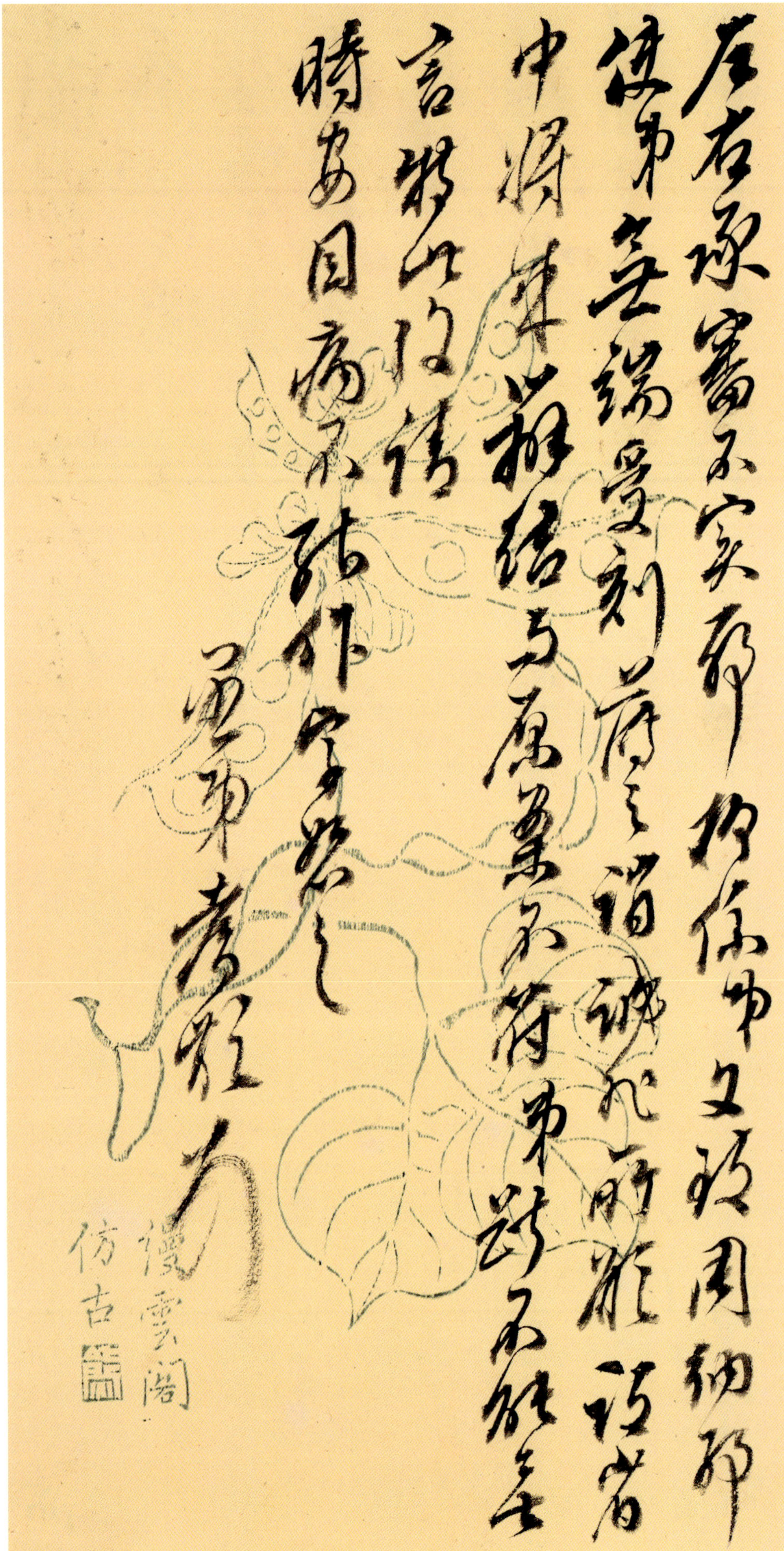
屢承寵不寘耶，仍俟弟又孫周納耶。
候弟至蠲受刻薦之福誠亦所難詩省
中將來難結與唐業兼俯弟不能全
言將此情
時與同病不能作字恕之
通家弟黃[illegible][illegible]

# 吳雲致洛英書札

洛英仁弟大人胞誼：

月之初三日奉到手書，覺有一片吉羊（祥）雲遥蔭於函封之外，亟取展誦，欣知德門有慶。七令弟與二世講同擷芹香，偕登黌序，聞之真欲喜而不寐。世禄之家，子弟多浮華習氣，科甲原有命運，若一領青衿，人力可以争之者，往往自甘怠廢，書香一脉遂因之不繼，目中所見如此者不少。今聞此喜音，骨肉之愛，安得不以手加額，距躍三百？望弟速將二新貴別號開示，當以書畫及書墨碑帖爲贈。偉如、柳門進京可帶也。手肅，祗賀大喜，不盡。

如兄吳雲頓首，四月初七日。

鈐印：吳雲私印（白）兩罍軒（朱）

**吳雲**（一八一一—一八八三），字少甫，齋號兩罍軒，浙江歸安人。近代金石學家。所藏鼎彝、碑帖、名畫、古印、宋元書籍甚富，精鑒賞與考據。著有《彝器圖釋》《二百蘭亭齋金石記》等。

源英仁弟大人阁谊月之初三日奉

手書并奉華翰逸义信托函封

三分亚取属清脱函

德门肖菱七分等与二世清同撰芹

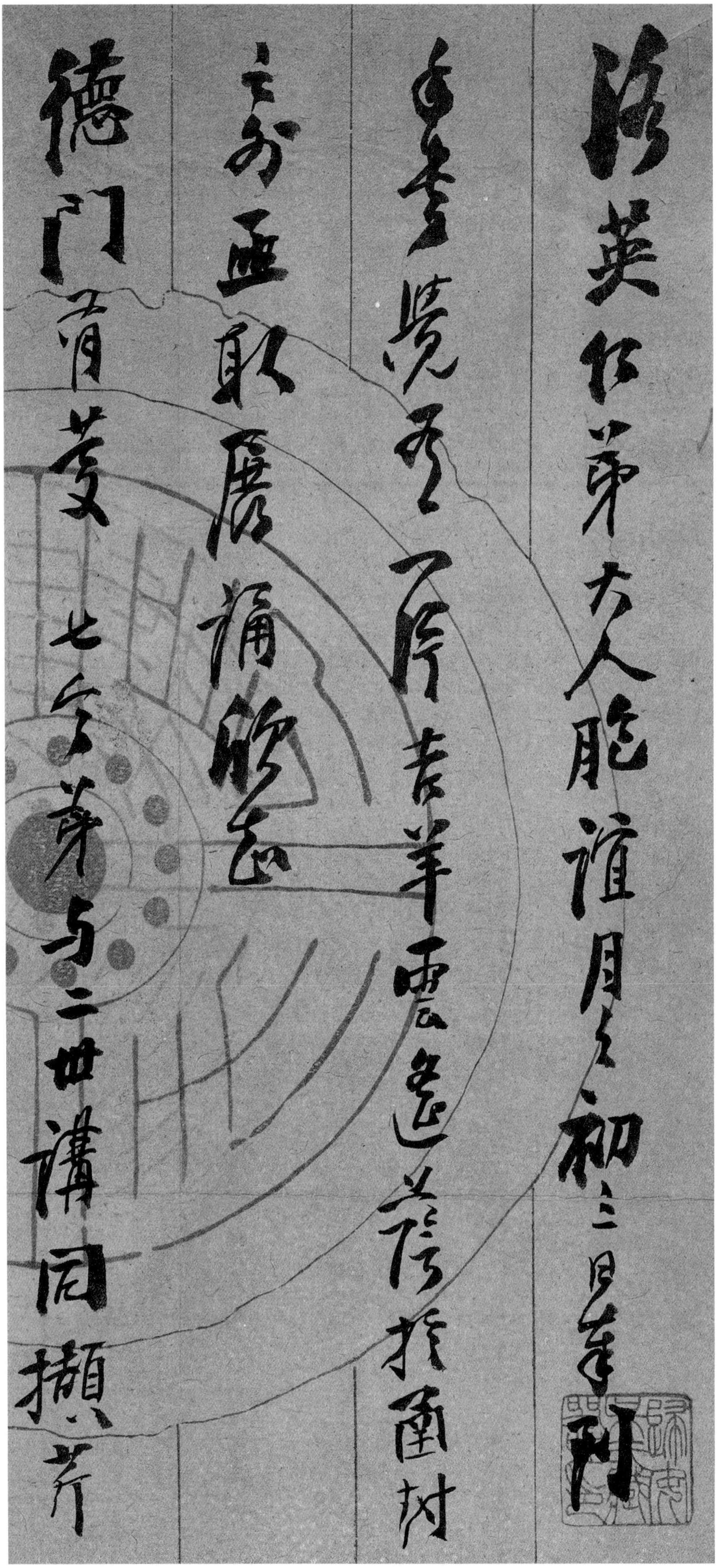

青偕登興學之序聞生之欲喪之可不慄世祿
之家子弟多浮華習為本科甲除名令運
芳辰青衿八方可以爭之者徒自甘恣廢
書春一脈遂因之憂絕於目評覽觀如緣廢今

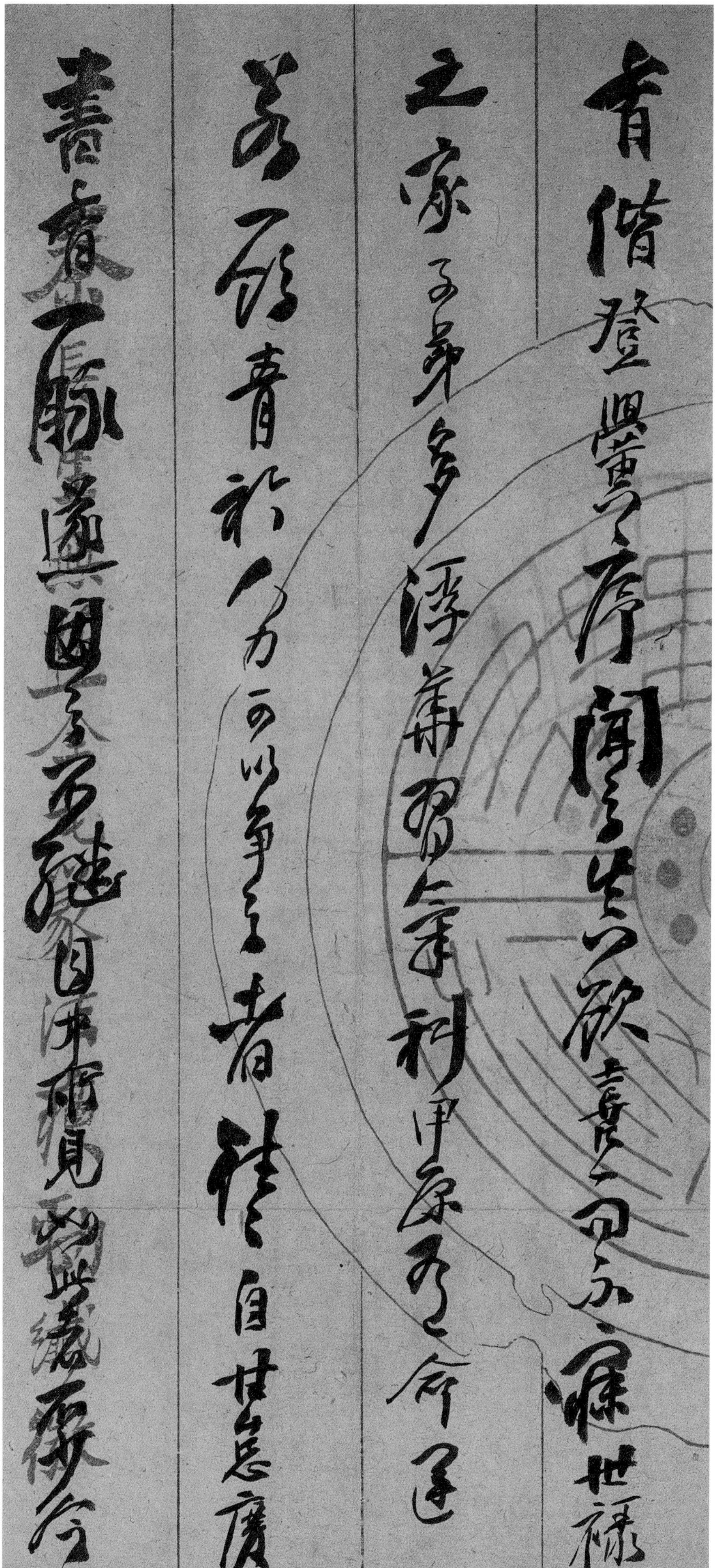

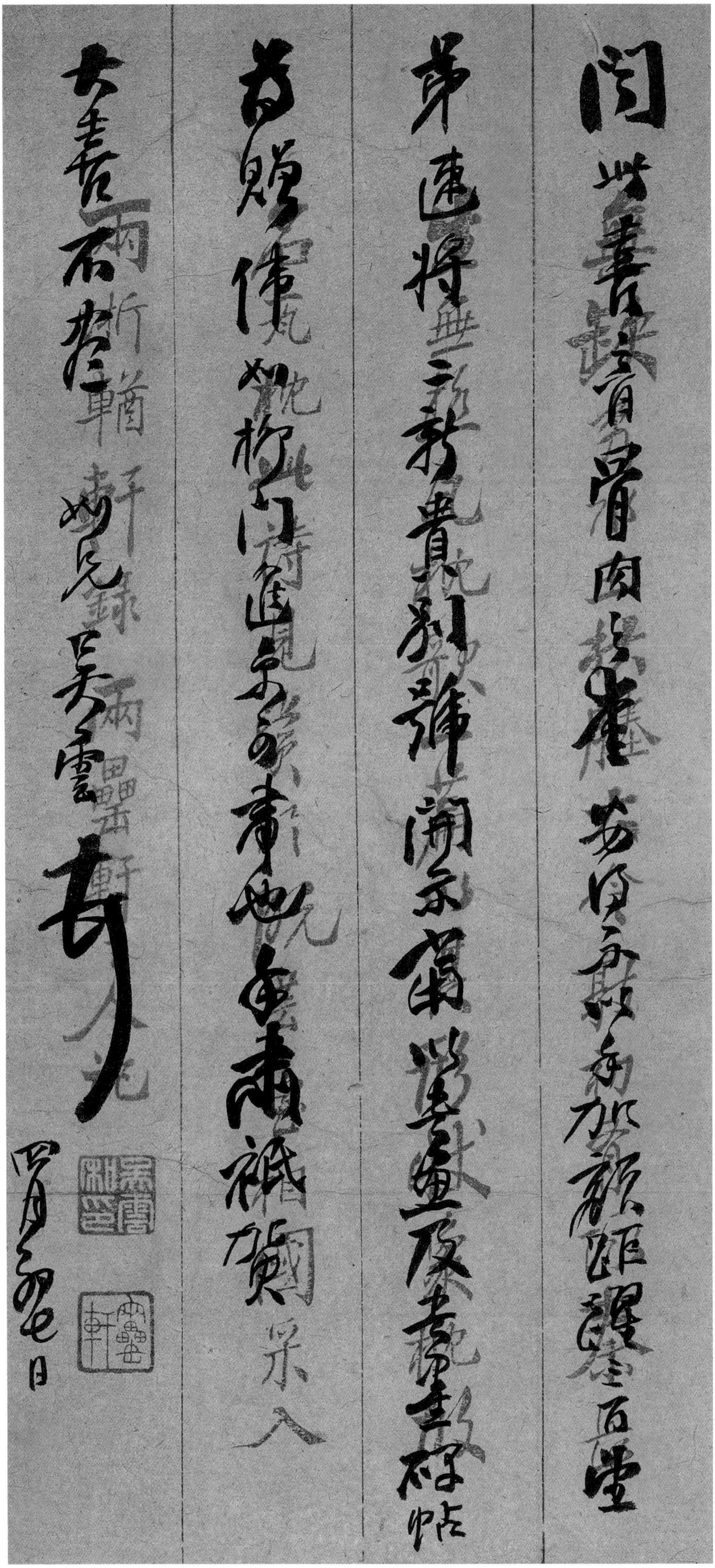

# 曾國藩致周輯瑞書札

周老爺：

令弟前由樹堂手借去敝處殿板《小學》一部，共四本一套，不知尚在案頭否？乞撿交去手爲荷。

即請子佩仁兄大人日安。

弟期曾國藩頓首。

**曾國藩**（一八一一—一八七二），字滌生，湖南湘鄉人。道光十八年（一八三八）進士。官至兩江總督、直隸總督、體仁閣大學士、武英殿大學士，封一等毅勇侯。卒後，追贈太子太傅，謚文正，入祀昭忠祠、賢良祠。

周老夫子大人

曾國藩頓

前由樹堂手借令弟

去教處殿板小學一部共四本一套不知尚在案頭否乞檢交去手為荷即請

子佩仁兄大人安

# 胡林翼致黃倬書札

恕皆仁兄大人閣下：

頃奉惠函，辱承遠念，敬審台暉吉朗，使節安和，劍南翹秀，盡入網羅，無任欽企。川事日糜，長江之精華已竭。籥公初擬十月十二日啓節，旋以粵匪攔入我省，綏寧城步東安節節失守，暫以援川之師留湘剿辦，意圖殲此醜類，不使貽患鄰封。籥公入蜀之行刻下尚無定期，而樸公數次去函，俱以蜀中不能應餉，恐將來亦難得手也。

此間東征之師阻於皖、桐二堅城，久稽進取，狗逆繫念皖城眷屬，急於求援，勾合捻逆數十萬，於十月廿間漸逼多副都護營壘，屢經多公挫敗，後與希庵合力痛剿，前後夾擊，八道并進，賊大敗，即遁走。越數日，霍山分股亦敗走。前月廿後，賊從樅陽來，冀解皖圍，復經守樅陽之水陸師擊去，賊心未死，終當與我爲難。

滌翁前接皖防之始，募勇未集，徽寧踵陷。九月，以北援之請斂兵待命。十月，鮑軍捷休寧，左軍收復德興、婺原各城，方冀乘此勝機進圖徽郡，而南陵、池州各賊股合并上犯，從建德、婺原分擾饒屬，雖經水陸各軍節次收復，而圖徽各軍又不能不分兵回顧。頃聞吴越大股傾巢而出，蓋將以吴越全力之賊勢并爭楚疆矣。下游無一兵卒，該逆無所牽綴，悉銳西上，脅從新舊，何難百萬，皖北陸師四萬餘，皖南不過三萬，地各千里，防不勝防，又欠餉五月，軍苦飢疲。賊衆我寡，賊富我貧，賊無顧忌而我不免拘牽，顧此失彼，終必氣竭力窮，爲賁軍之將耳。已矣，夫復何言！部中提解鄂款，羽檄紛馳，告以飢軍殆將諭以食肉糜之法。弟月前一病，幾莫能興，十日後漸有轉機，而氣體甚弱，頹然若八九十者。一月之久，未能去風帽火罏（爐），亦可醜已。

率復，即請台安。

弟胡林翼頓首，十二月初二日。

**胡林翼**（一八一二—一八六一），字貺生，號潤芝，湖南益陽人。道光十六年（一八三六）進士。官至湖北巡撫。因擊敗太平軍、捻軍有功，加太子太保銜，給騎都尉世職。卒後，追贈總督，謚文忠。

恕皆仁兄大人閣下頃奉
惠函辱承
遠念敬審
台暉吉朗使節安和劍南葱秀畫入
網羅無任欽念川事日糜長江之精華已竭
籥公初擬十月十二日啟節旋以粵匪攔入我
省綏甯城步東安節節失守暫以援川之師

留湘剿辦意圖殲此醜類不使貽患鄰封　翁
公入蜀之行刻下尚無定期而樸公數次去函俱
以蜀中不能應餉恐將來亦難得手也此間東征
之師阻於皖桐二堅城久稽進取狗逆繫念皖
城眷屬急於求援句合捻逆數十萬於十月廿
間衝犯多副都護營壘屢經多公挫敗後與希
庵合力痛剿前後夾擊八道並進賊大敗即

遁走越數日霍山分股亦敗走前月廿後賊從
樅陽來冀解皖圍復經守樅陽之水陸師
擊走賊心未死終當與我爲難淮翁前援
皖既之始募勇未集徽甯踵陷九月以北援之
請敘兵待
命十月統軍捷休甯左軍收復德興婺源各
城方冀乘此勝機進圖徽郡而南陵池州各賊

股合併上犯從建德婺源分擾饒屬雖經水
陸各軍節次收復而圖徽各軍又不能不分兵
回顧頭關吳越大股傾巢而出蓋將以吳越全
力之賊勢並爭楚重矣下游無一兵卒該逆
無所牽綴悉銳西上脅從新舊何難百萬皖
北隴師四萬餘皖南不過三萬地多千里防不
勝防又欠餉五月軍苦飢疲賊衆我寡賊富

我貧賊無顧忌而我不免拘牽顧此失彼終
必氣竭力窮爲僨軍之將耳已矣夫復何言
部中提解鄂款羽檄紛馳告以飢軍殆將
諭以食肉糜之法弟月前一病幾莫能興十
日後漸有轉機而氣體甚弱顧雖八九十者
月之久未能去風帽火鑪亦多魂已平復即請
台安
弟胡林翼頓首 十二月初二日

## 左宗棠致衛榮光書札

靜翁仁兄大人閣下：

月前出省察勘漁團至滬，閱畢即行，未及趨晤大教，悵也何如！承惠假利川、飛雲兩輪船，行駛運河極爲便捷，已於月之初三日回轅，感荷之至。漁團規模粗具，由此益加精進，大可爲海防一助。運河堤工有應補修之處，已屬堤工局司道勘辦。惟弟頽唐日甚，隕越時虞，亟思退休，以避賢路，即當據實自陳耳。

因利川袁管帶等回蘇之便肅此，敬鳴謝悃，并請勛安，唯照不具。

愚弟左宗棠頓首，十月初四日。

**左宗棠**（一八一二—一八八五），字季高，號湘上農人，湖南湘陰人。道光十二年（一八三二）舉人。官至閩浙總督、陝甘總督、兩江總督、東閣大學士、軍機大臣。卒後，追贈太子太傅，謚文襄，入祀昭忠祠、賢良祠。

静翁仁兄大人閣下月前出省察勘漁團至滬

閣畢即行繕稟及趙照

大教張也仍承

惠假利川飛雲兩輪船行駛連日極為便捷已

於月之初三日回轅感荷之至漁團規模粗具

由此益加精進大可為海防一助運河隄工有

應補修之處已屬隄工局司道勘辦惟需頗

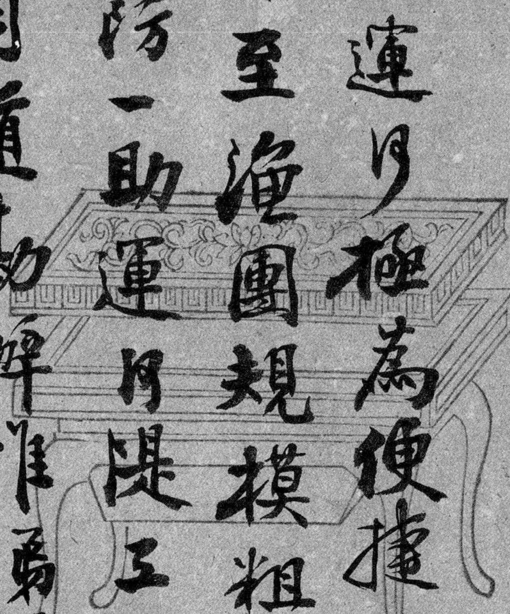

唐日甚，隋越時虞，亟思退休，以避賢路，即
當據實自陳耳。因利川袁管帶等回
蘇之便，肅此敬鳴謝悃，並請
勛安，唯
鑒不具。愚弟左宗棠頓首
十月初四日

十月初[illegible]

# 喬松年致英翰書札

西林仁兄大人閣下：

前肅布啓函，想已邀鑒照。我兄請假未邀允准，此時軍事正殷，固未可須臾離皖，必俟捻逆蕩平，皖北决無反覆，乃可請假。此時，老伯大人之靈只可暫殯於潁，以淺厝於土爲最宜，不必久停於寺廟也。賴汶洸一股盡殲於邗上，亦一快事，但不知任逆餘黨有逃回皖北者否？若任逆餘黨不至復熾，則此股即是殲除浄盡矣。張逆今在彰德，仍恐其回巢也。

劉縣丞春海來陝，賫到賜書，備蒙存念，感甚。左帥今已東行，以軍務付劉副帥典，而諭旨則交庫、喬、劉會辦。一柄兩操已不可，況一國三公乎？左帥在此，弟雖無權，而亦可不分咎。左帥以三萬之衆，百數十萬之餉，虚此一行，毫無裨益。左帥每奏，必曰先擊捻而後擊回。所言固是。然始終擊捻惟劉、郭兩軍，楚軍何嘗與捻接仗耶？今捻已出境，正當并力擊回，乃劉副帥亦如左帥之持重毋動爲大，豈有濟乎？假使左帥不到陝中，陝中亦不過如此，亦不能再有加於此矣。是亦何取其來，亦何取乎以劉副帥爲留後耶？惜廟堂之上未能熟思而審觀之也。責今與劉副帥共事，弟仍不得自行其意。若有疏失，則咎責恐不能免，則更冤也，弟擬于此月杪仍申前請耳。

郭善臣在秦、在晋皆能力戰，又不擾民，聲名極好。此時陝西紳士遞一公呈，欲弟仍奏調善臣回陝剿回。刻下朝廷方以北路爲慮，此未可奏也。

敬此布覆，即請勛安，不具。

愚弟喬松年頓首。

**喬松年**（一八一五—一八七五），字健侯，號鶴儕，山西徐溝人。道光十五年（一八三五）進士。官至安徽巡撫、陝西巡撫、河東河道總督。卒後，追贈太子少保，謚勤恪。

西林仁兄大人閣下 前書布唁函想已邀
鑒照我
兄請假未邀
允准此時軍事正殷固未可須臾離皖必俟捻逆
蕩平皖北決無反覆乃可請假此時
老伯大人之靈只可暫殯於潁以淺厝於土爲最宜
不必久停於寺廟也賴汶洸一股盡殲於邢
上亦一快事但不知任逆係竟有逃回皖北者

正月廿七日

复

否若任逆餘党不至復熾則此股即是殲除

淨盡矣張逆今在乾州仍恐其回巢也劉將

軍春海 來陝賫到

賜書備蒙

存念感甚左帥今已東行以軍務付劉副帥

典 兩

諭旨則交庫喬劉會辦一柄兩操已不可況一國

三公乎左帥在此弟雖無權而亦可不分咎

左帥以三萬之衆百數十萬之餉處此一行毫無裨益
左帥每奏必曰先剿捻而後剿回所言固是然始終剿
捻惟劉郭兩軍楚軍何嘗與捻接仗耶今捻已出境正
當併力剿回乃劉副帥亦如左帥之持重毋動為大遣
有濟乎假使左帥不到陝中陝中亦不過如此亦
不能再有加於此矣是來何取其來亦何取乎劉
副帥為蜀役耶惜
廟堂之上未能熟思而審觀之也

貴今与劉副帥共事弟仍不得自行其意若
有疎失則咎責恐不能免則更寬也弟擬於
此月杪仍申前請耳郭善臣在秦在晉皆
能力戰又不擾民頗名極好此時陝西紳士
遞一公呈欲弟仍奏調善臣回陝劉猶刻下
朝廷方以北路爲慮此未可奏也敬此布覆即請
勛安不具
愚弟秀松拜手 松元

# 彭玉麐致沈葆楨書札

幼丹仁兄大人閣下：

廿四日肅布一函，諒達籤曹，抽派喻鎮舟師想已到章門。近數日，賊蹤何似？深爲念切。

頃接王霞軒來函，知後股仍由舊路前進，腹地此時饒景尚鬆，暫可移緩應急。頃已飛札調防鄱湖之清江營張鎮錦芳師船趕緊拔赴省河，以厚兵力，飭令該鎮會商喻鎮分堵防禦豐城、樟樹市議一帶，梭巡臨江則可，駐扎臨江則不可。水師總宜活潑，不宜呆笨，總須有可靠陸師相輔，庶於灘河有濟，否則水師不宜孤注灘河也。

接皖南來函，湖州輔堵兩逆酋率大隊聚廣德，有迎遷江寧僞都入江西之舉，十四、五、六等日分三路犯高淳東壩，每路三四萬衆，勢甚猛，均經防師水陸夾擊退去，否則東壩高淳有虞，則金陵之圍不堪設想。少荃中丞已派重兵接防，霆軍已起程。由陸則隔水太多，由水則無船可載，大軍浩蕩，不知何日得到章江，殊焦灼也。

昨已將江西危迫情形飛函六百里，於皖、蕪沿途催春霆速進。昨接滌相來函，以西江緊急，焦慮萬分，恐鮑軍緩不應急。適江蘇各處解來餉十萬兩，已概行飛解，盡與鮑軍，飭春霆發足餉一月，迅即雨夜星飛援江。諒春霆得此，當暢懷入江，不致故延也。

撫圍解後，賊趨何處，祈便示知。張鎮錦芳亦粗人，只知打仗，此外茫然，乞進而教之爲感（唯南風打頭，湖無縴路，不卜何日得到省河）。

特此，恭請勛安。諸惟亮鑒，不盡神馳。

愚弟彭玉麐頓首，廿八夜三更。

再者，頃已飛調喻鎮撤武穴、龍坪以內防船，大約明日廿六早可回湖口，立即星夜入湖來省河，飭扎撫河口內外。該鎮人尚明白勇敢，倘或有緊急事，尚可靠。惟官場禮節實多未諳，尚求進而教之爲感也。省城宜速運糧米、火藥及守城之具，以待鮑軍援兵。諒老謀勝算，籌畫周詳也。弟麐又頓。喻鎮定於廿六動身來省河，先由此六百里告慰尊懷。

**彭玉麐**（一八一六—一八九〇），字雪琴，湖南衡陽人。官至兵部尚書，封一等輕車都尉。卒後，追贈太子太保，謚剛直，并建專祠。著有《彭剛直公奏稿》《彭剛直公詩集》。

䇾舟仁兄大人閣下廿四甫佈一函諒達
籤書柚派喻鎮舟師想已到韋門近聞賊蹤
仍以深為念頃接王雲軒來函知後股仍
由舊路前進腹地此時饒景均難暫移緩
應急頃已飛札調防鄱湖之清江營張鎮
錦芳師船趕緊拔赴省河以厚兵力飭令該
鎮會商喻鎮分堵防禦重城樟樹市汊一
帶梭巡臨江則可駐紮臨江則不可水師總宜
活潑不宜嶽峯總須有步隊陸師相輔庶

於灘河之險則水師不宜孤往灘河也接皖南
來函湖州輔堵兩逆酋率大隊賊由廣德竄出逼江
寧僞都入江西之岸十四五六等日分三路犯高淳東
壩每路三四萬衆勢甚猛均經防師水陸夾擊
退之否則東壩高淳有虞則金陵之圍不堪設
想少荃中丞已派重兵援防霆軍已起程由陸
則阻水太多由水則無船可載大軍況營不知何日
得到章江殊焦灼也昨已將江西危迫情形飛
函六百里於皖藩沿途催霆軍速進昨接

淮揚東路以西江路急甚，愚意多恐鮑軍緩不
應急。通江蘇各處解到餉十萬兩，已概行發
解營與鮑軍，餉事無虞，並發足餉一月，迅即兩
催其星夜飛援江境，庶此間蠅擾入江不致
久延也。援圍解後，賊趨何處，祈便
示知。張鎮錦芳亦粗人，只知打仗，此外茫然也。惟南路打破湖營，纔路不卜何日得到清河
進而教之為盛。特此恭請
勛安。諸維
亮鑒不盡。弟□□馳
愚弟□□頓首
廿六夜三更

再者頃已飛調喻鎮撤武穴跳坪以南防船大
約明日廿六早可回湖口並即星夜入湖來省河
飭幫攙河口內外諸鎮人馬明白易敵俟戰有
隙急事當為策應惟官場禮節實多未諳尚
求進而
教之為幸也省城宜速運糧米火藥及守城
之具以待鮑軍援兵諒
老謀勝算必籌畫周詳也　中丞　又頓
喻鎮定於廿六動身來省何先此由省呈告對　吳懷

# 郭嵩燾致李仲絜書札

仲絜賢倩閣下：

春間丹崖兄回皖，曾托致閣下仍爲湘水之游。頃家中椷示，胡紀道南京，得知賢昆仲歡聚，期應秋試，忻慰無似。而聞今歲不能南來，議派一礮船迎取重壽母子，似此稍須從緩。小女病證甚深，日服藥一帖，似尚相投。重壽聰明遠勝舍間諸兒，而體氣亦稍弱，宜以健脾糕調養之。閣下必欲接取回家，須枉駕一行，長江數千里，波路闊遠，鄙人亦可放心。歲中或不能暇，聽從明歲何時接取，不必虛派礮船一行也。

伯行事聞已有部署，而急切未必能清理，恐尊府亦不免受累。甌窶污邪之祝，所操狹而所欲奢，今所操奢矣，將何欲乎？

手此，即頌文祺，不一一。

嵩燾頓首，廿六。

**郭嵩燾**（一八一八—一八九一），字伯琛，號筠仙，湖南湘陰人。清代思想家，湘軍創建者之一。道光二十七年（一八四七）進士。官至廣東巡撫、兵部侍郎、出使英國大臣兼使法國。主張學習西方科學技術，支持洋務運動。

仲絜賢倩閣下：春間丹崖兄回皖，曾託陵閣下，仍爲沔水之遊。頃家中椷示胡紀道南來，備知賢昆仲欲覓相應，欲試折闈，無以而聞，今歲不能南來，請派一礮船迎取重壽母子，以此稍紓況緩。小女病痊，甚得日服藥一帖，以爲相按。重壽聰明，荏勝舍甥，洪兒面脾氣二稍弱，宜以健脾糕調養之。

閣下必欲採取因果家須捨驚一行長江數千里波紋闊遠部人亦可放心歲中或不能暇陸續明歲因時採取不必運派礙船一行也伯行事聞已有部署而急切求必能清理也尊府亦不免受累頤寅得暇之後所採樸而所欲奏今所採採奏美將因欲乎手此即以文祺不一

芳書 叩首 共

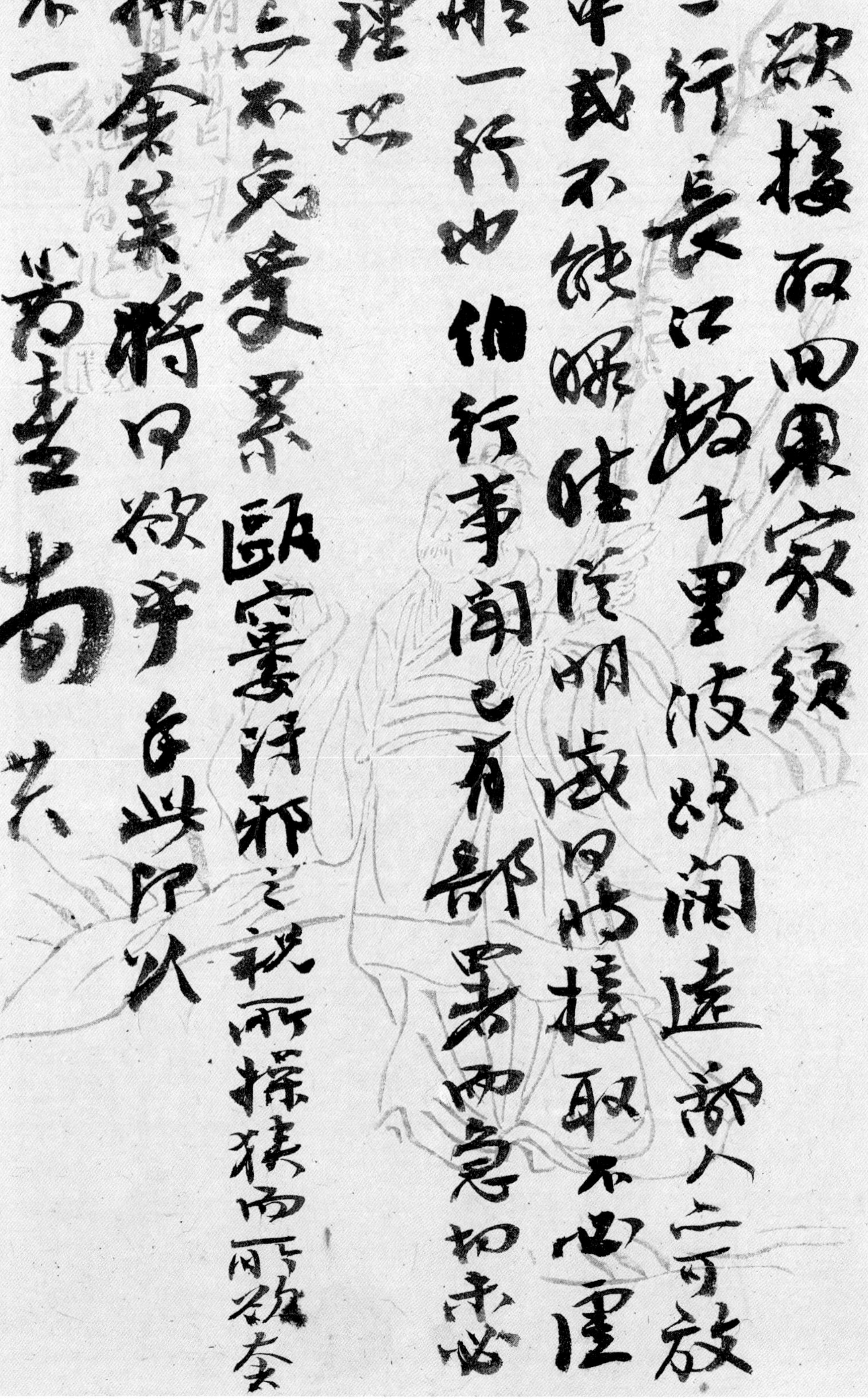

# 馬新貽致英翰書札

西林仁弟大人麾下：

久不奉到手書，想因戎務倥傯，無暇握管。兄數月來接辦文武兩試，昕夕不遑，是以亦未修函奉候，然兩地渴思，彼此應有同情也。

叠閱邸報，知皖營將士防剿出力，屢蒙嘉獎，總由吾弟遇事身先，用能指揮如意，懋建膚功，欽佩無似。比聞麾下前因出境督師，辛勞太過，以至感受時症，回潁調理，想已早慶勿藥，無任繫念。此後尚望吾弟於不自暇逸之中，存隨時珍衛之念，是所至禱。

捻逆在淮徐之交盤旋逾月，賴運防嚴密，未得竄過，現又回趨東境，游奕省城附近一帶。揣賊之意，東省業已無可擄掠，仍思渡河西竄。轉眴深冬，水涸冰堅，恐黃運兩防皆形喫重，且即使河防嚴密而無得力大隊縱橫馳擊，痛剿一二次，仍屬於事無益。刻聞吾弟現派程從周帶精卒萬人渡河助剿，實屬力顧大局，佩慰佩慰。各路精兵猛將多半强弩之末，其飢而耐戰、久而不疲者固祇有皖軍耳。續後戰事仍祈隨時惠示爲盼。

此間武闈甫竣，案牘塵積，諸待清理。海塘工程浩大，棘手萬分，尚幸秋收豐稔，民氣安恬。賤軀尚能耐勞，眷屬以次粗適，足紓遠念。

手此奉布，不盡欲白。敬請勛安，諸維愛照。

兄新貽頓首，冬月朔日。

荔坪已回皖否？念念。

**馬新貽**（一八二一—一八七〇），字穀山，山東菏澤人。道光二十七年（一八四七）進士。官至兩江總督兼通商大臣。同治九年（一八七〇），遇刺身亡。清廷賜恤，追贈太子太保，給騎都尉兼雲騎尉世職，謚端愍，入祀賢良祠。

西林仁弟大人麾下久不奉到
手书想因戎务倥偬无暇握管兄数月来接办文武两试昕
夕不遑是以亦未修函奉候兹两地暌隔彼此应有同情
也叠阅邸报知皖营将士防剿出力屡蒙
嘉奖总由吾
弟遇事身先用能指挥如意懋建肤功钦佩无似比闻
麾下前因出境猜嫌辛劳太过以致感受时症回籍调
理想已早庆勿药无任系念此泐布颂吾

弟於不自暇逸之中存隨時珍衛之念是以玉禱總運在
淮徐之交暨旋逾月賴運防嚴密未得竄過現又回趨東
境游奔省城附近一帶據賊之意東省業已無可擄掠
仍思渡河西竄將趁隆冬水涸冰堅恐黃運兩防皆形
吃重且即使河防嚴密而無得力大隊縱橫馳擊痛剿
二次仍屬於事無益刻閱吾
弟現派程營周軍精卒萬人渡河助剿實屬力顧大局佩
慰之各路精兵猛將多半陳營之來見機而耐戰久而不

疲者固祇有皖軍耳續後戰事仍祈隨時
惠示為盼此間武闈甫竣案牘塵積稍待清理海塘工程諸
大棘手萬分焦急幸秋收豐稔民氣安恬賤軀尚能耐勞春房
以次痊適足紓
遠念手此奉布不盡欲白敬請
勛安諸維
愛照兄新始頓 冬月初日
青霓白驯
荔拜已回皖附念

# 俞樾致費念慈書札

屺懷世仁兄侍史：

承示知所藏書目，今欲告假《容齋隨筆》《居易録》《池北偶談》三種，伏乞付下。《書目答問》附繳。弟去臘刻書二種，未知已送呈否？今附致，乞照入。此頌文安。

世愚弟樾頓首，二月十八日。

俞樾（一八二一—一九〇七），字蔭甫，號曲園，浙江德清人。道光三十年（一八五〇）進士，以翰林院編修提督河南學政。後受劾罷官，遂潛心學術達四十載，爲一代經學宗師。著有《春在堂全書》等。

屺懷世仁兄綸史：承

示叔永之臧書目，今欲告假容齋隨筆、

居易錄、池北偶談三種，伏乞

付下。書目答問附繳。弟去臘刻書二種，

未知已送呈否，今附陳之。匆匆此頌

文安

世愚弟樾頓首　二月十八日

# 李鴻章致沈葆楨書札

幼翁仁兄節帥年大人麾下：

六月廿日交萬年清賫復寸緘，初三濟安到津，接讀六月十六日手示鈔件，敬悉一切。

唐俊侯報廿日由徐宿先後拔隊，月杪計抵瓜揚。琛航、永保、大雅三船并招商局之伊敦陸續到瓜，有揚台徐仁山觀察在彼照料。輪船需用物件及弁勇上船事宜，約初旬當有一批開駛，惟江南主人置勿深問，滬局僅能派威靖一船裝兵赴台。商局唐景星孳孳爲利，於煤炭、辛工、保險、官利四項之外尚有要求，弟批令酌撥三船裝運兩次外，餘悉由閩、滬各官船多裝數起，以節糜費。敝台餉源本絀，實難再增多費。天時炎熱，徐道與唐統領議每船衹裝勇夫三哨，若七船，則須三次裝畢，若尾批僅閩、滬四船似須四次往返，計隊伍到齊應在八月中旬，亦可見調兵之難矣。杏蓀本擬隨隊赴台，忽因父病回鄉，未知强起一行否。日軍門書深明大略，殊爲可敬。

頃得總署初三日函，稱鐵甲船因赫德一言，已向威使商囑其轉咨本國管理衙門查照辦理，復接尊緘，必更踴躍。日君現在滬，當就近與威使酌辦。該使即不能無利心，船械定能得力。昨穎叔來信，亦以此事相屬，兹可稍慰藎廑矣。惟鐵船購定，何人駕駛來華，何時可到，諒已胸有成竹。各使公評曲直一節，旁觀多發此論，頃與素好之美領事商及，據稱法使在烟台避暑，尚未回京，美使不日更換，僅英、俄、德三使可議，惜爲時已遲，而柳原權位既卑，台事又不欲他人與聞，各使恐不肯多管，莫若中朝派一大員赴日本朝廷理論，如仍矯强，就近邀集駐倭各國公評，較爲得勁，言甚有理。惟總署無此勇往任事之人耳。

柳原復執事與偉如公文狡賴可恨，第三條直認琅璚一帶爲日本地方代管，須酌議其款，不能無故相授，情見乎詞。總署轉遞到台，計需時日，謹鈔函摺各稿速呈電覽。倭兵自是久駐之局，我但扎堵境內，不遽開仗挑釁，以待水陸戰備大集，則亦是持久之局，望公堅守定見，忍辱負重，勿稍憤急，事機或可徐轉，至爲企祝。

劉子務一軍六月杪自秦東上，江帥因仲復謡傳倭人有攻金陵之意，惶遽無措，諄請子務全軍南下鎮扼江海餉源重地，未便堅阻。即尊處與津防續調恐不能應手也，爲之三嘆。

手此，復頌勛祺，敬璧晚謙，不一一。

年小弟李鴻章頓首，七月初五日。

**李鴻章**（一八二三—一九〇一），字子黻，號少荃，安徽合肥人。晚清洋務運動主要倡導者。道光二十七年（一八四七）進士。官至直隸總督兼通商大臣，授文華殿大學士。卒後，追贈太子太傅，晋一等肅毅侯，謚文忠。

劭翁仁兄節帥年大人麾下：省昔文蔚

年清賚役士織初三論安到津，接讀六月十二日

手示釗件，敬悉一切。唐俊侯探廿日由徐宿先

後拔隊，月杪廿撥瓜揚，探船永保、大雅三船並

搭商局之伊敦，陸續到瓜，有揚台、徐仁山觀察

在彼照料，輪船需用物件及行勇上船事宜，約

初旬當有一批開駛。惟江南主人置勿深問，滬局

僅能派盛靖兩船裝兵赴台，商局唐景星并學

若利於煤炭辛工保險官利四項之外尚有要索
弟擬仍酌撥三艘裝運兩次外餘均由閩滬各官
艘分裝數起以節靡費敉台餉源本絀實難
再增多費天時支燃脩請與唐鏡沅議每艘只
裝百萬斤三隻前去七艘則須三次裝畢若尾擬借
閩滬四艘似須四次往返計隊伍到齊亦在八月中
旬無可息調兵之難矣杏蓀來擬隨隊赴台忽
因父病回鄉未知須趕一行否日軍門書深明

大雅璋為可敬，頃乃 接署福之旨，南孫鐵甲船，因 恭從一言 川

已向盛使商請其將洛奉國管理衙門查照辦理深擾

尊識必更勝鑿，日居現在滬，當就近與盛使酌辦，擬使

即不能無利心，船械定能得力，船頗好來，信亦以此事相

屬，茲可稍慰

藎廑矣。惟鐵船賠定何人駕駛來華，何時可到，望已

胸有成竹。告使公評曲直一節，高叙多蒙，此論頗

與素好之美使事商及，授孫法使往訪台，避暑尚未回京。

美使不日更換，僅英俄德三使可議，惜為時已遲。而柳原擬
往既畢台事，又不欲他人與聞，各使具不肯多管。英美兩
中朝派一大員赴日本朝廷理論，如仍矯强，就近邀集駐
使各國公評，較為得勁，言之有理。惟總署無此曉
能任事之人耳。柳原復
執事與佛如公文，措辭可恨，第三條直認琉球一島為
日本地方，代管保護議此款，不能無如相援，情見乎
詞。總署將遞到台時需時日，僅鈔函摺各稿遞呈

雲覽悉。倭兵自去冬久踞之局，我但扼堵境內，不遽開仗挑釁，以待水陸戰備大集，則宜益持久之局。望公堅守定見，忍辱負重，勿稍憤急，事機或可徐轉，已為合觀。劉子務一軍本月初自秦東上，江帥因仲復謬傳倭人有攻金陵之意，惶遽無措，擬請子務全軍南下鎮扼江海門戶重地，未便堅阻，即尊處與津防續調兵不能應手也，為之三嘆。手此復頌勛祺，敬頌晚禧，不一。年小弟李鴻章頓首 七月初五日

# 王韜致重野安繹書札

成齋先生尊兄仁大人閣下：

春夏以來，連奉十數函，想已俱邀亮察。前後寄來《日本雜事詩》是否四百本？拙著《蘅花館詩録》現已刻竣，先將一册寄呈。如東國有嗜痂之癖者，弟當寄數百本來。昔有换鵝書、换羊書，弟詩則將以作調錢符何如？奉上四序一記，當蒙清鑒。

東游未了之事，祇在評閲明清八大家文耳。此正弟生平奇苦之事也，當作小病一月，或可蔵事。如晤匏菴先生，乞爲一索書項，請其匯寄勿遲。公度作湘根之游，兹當返駕矣。《扶桑游記》上、中二册祈各付十本來，計值若干，弟自奉繳。

肅此，即請崇安。

愚小弟王韜頓首，五月二十九日。

王韜（一八二八—一八九七），字蘭瀛，號仲弢，江蘇長洲人。清代思想家、政論家。道光二十五年（一八四五）秀才。曾游歷英、法等國。在港創辦《迴圈日報》。主張變法自强，主持格致書院。著有《普法戰紀》等。

成齋先生尊兄大人閣下春夏以来連奉十數函想已俱邀
亮詧前後寄来日本襍事詩是否四百本拙著蘅華館詩錄現已刻
竣先將一冊寄呈如東國有嗜痂之癖者弟當寄數百本来管有
換鵞書換羊書弟詩則將以作調錢符何如奉上四序二記當蒙
清鑒東游未了之事只在評閱明清八大家文耳此正弟生平竒苦之
事也當作小病一月或可蕆事如晤匏菴先生乞為一索書項請其滙寄勿
遲公度作湘根之游茲當返駕矣扶桑游記上中二冊祈各付十本未計
值若干弟自奉繳肅此即請
崇安
是少弟王韜頓首 五月二十九日

## 趙之謙致潘祖蔭書札

昨借顯微鏡非大者，今日復往敞中借之，尚未得。然以小者照字，覺可見者格外清楚，則模胡者或可希冀得一二筆也，《匈奴傳》述吾師車紐，年月正合，惜乎史文於碑竟無一二字可以附會也。容再細審，至真無法而後已。

對子裱成，其二先奉上，上款只署一處，以墨色未合，故不署矣。大對五言須遲三四日方有，明後兩日又有酒食徵逐，近實苦矣。

敬上伯寅世叔大人。

之謙謹復。

**趙之謙**（一八二九—一八八四），字撝叔，號悲盦，浙江會稽人。近代書畫家、篆刻家。咸豐九年（一八五九）舉人。官江西鄱陽、奉新知縣。著有《國朝漢學師承續記》《補環宇碑訪録》《二金蜨堂印存》等。

所借頌閣鏡小大共六百復往敬中借之尚未得
並以小者照字號可見其極外清楚則搨均其或可希
冀得一二字也內將借函呈師卓細年月以合惜余
央文拓搨氣無一二字可以附會也容再細審再真
矣從前後已對子請賜見之先奉上上按五器一支以墨
色未合故不署矣大材五六頃送三四百方有明後冊日又
答候食徵函匠寫若矣敬上
伯寅世叔大人〻姪謹復

# 潘祖蔭致小雲書札

廿四日極應趨侍左右，且兩同年來，亦尚未晤。其奈連日發下西聖皇太后賜今上萬壽扇件，爲期已迫近，宜後（即住城内）竟日作書，不克趨侍。兩同年前祈爲代達歉仄，萬分偏勞，容再走謝。

敬請小雲仁兄同年大人勛安。

年小弟蔭頓首，廿三。

**潘祖蔭**（一八三〇——一八九〇），字伯寅，號鄭盦，江蘇吴縣人。咸豐二年（一八五二）探花。官至工部尚書、軍機大臣、兵部尚書。卒後，追贈太子太傅，謚文勤。

西聖皇太后

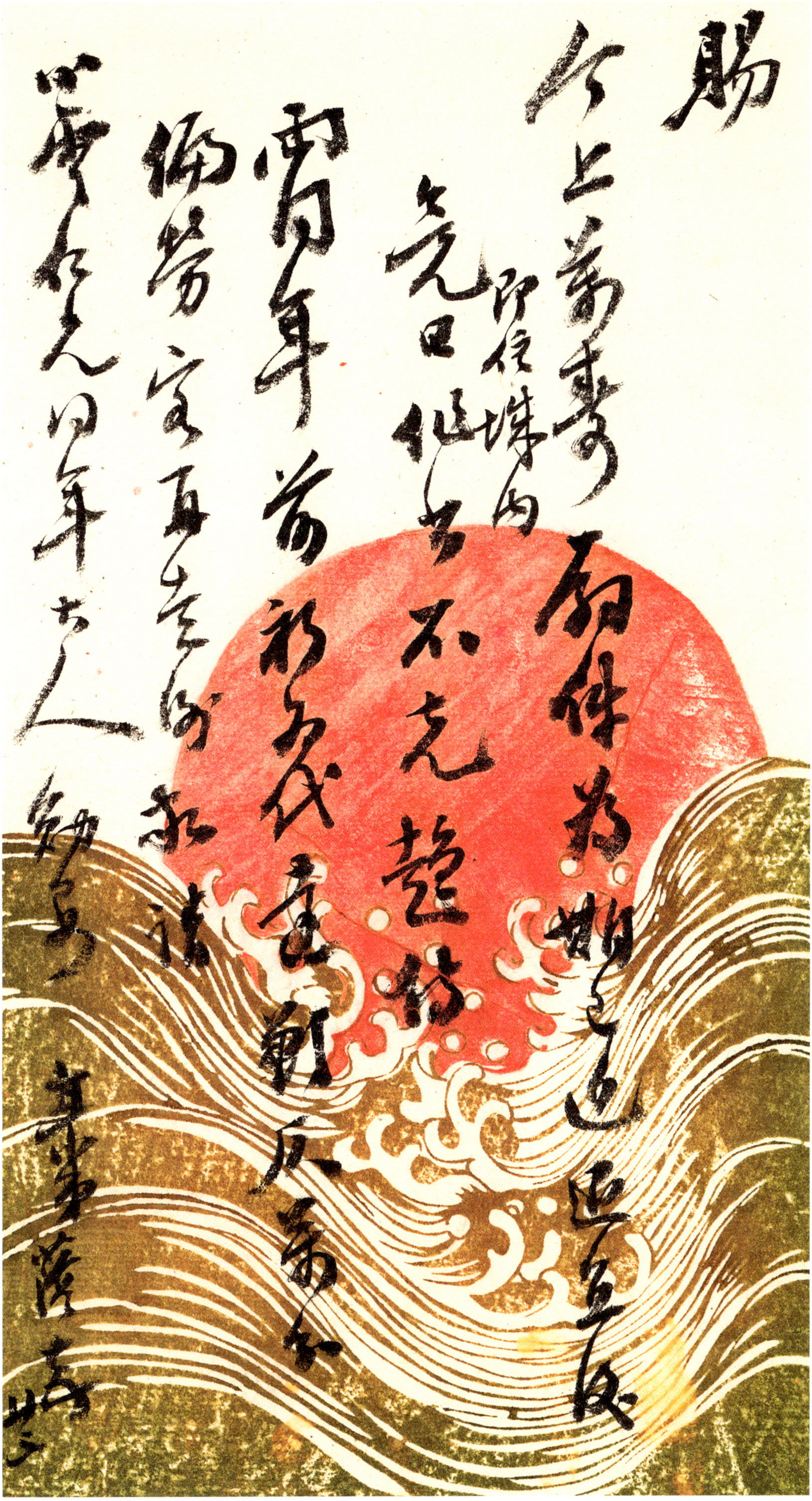

# 翁同龢致翁康孫書札

惠夫覽：

一陽初回，雲物清麗，來年豐穰之徵也。吾盤桓山樓，昨歸吉蠲祀，先退而飲酒，長、富兩稚子侍（頃縣案發，長頭圈四十餘，富二圈六十餘，大發坊二保二圈，獻臣似亦頭圈）。念南北官居，各有團欒之樂，而老夫拳拳者尤在西泠也。彭君來，又携所寄食品、飣盤、藏瓮。渾舍皆喜，余亦欣然舉一觴。彭君言謁長官面目加豐，步武輕利，尤所喜慰。此賀合署安和，庭闈健勝。

冬至日晨起，瓶居士。

**翁同龢**（一八三〇—一九〇四），字叔平，號松禪，江蘇常熟人。咸豐六年（一八五六）狀元。官至軍機大臣、協辦大學士兼户部尚書。爲同治、光緒兩代帝師。卒後，謚文恭。著有《翁文恭公日記》《瓶廬詩文稿》等。

惠夫覽一陽初回雲物清麗來年豐穰之徵也吾盤桓山樓昨歸吉蠲祀

頃縣案發長頭圈四十餘富二圈六十餘大發坊

南北官居各有園欒之樂而老夫拳拳者尤在西泠也彭君來文契乃所寄食品飣餖藏雜渾舍皆喜余亦欣然舉一觴壽吳〻謁長官面目加豐步武輕利尤所喜慰此賀合署安和〻庭闈健勝

冬至日晨起瓢居士

## 陳寶箴致梁鼎芬書札

昨方已再服，看今日未戌間情狀如何。候明晨示知，再議改方。來示所云辛苦，是仍發熱否？明日乞將病情詳告爲幸。

此頌節菴大安。

寶箴拜，廿日。

叔喬已晤否？

**陳寶箴**（一八三一—一九〇〇），字右銘，江西義寧人。咸豐元年（一八五一）舉人。隨曾國藩辦團練，官至浙江布政使、直隸布政使、湖南巡撫。創南學會，支持時務學堂，辦《湘報》。戊戌變法後被黜。子三立。

昨方已再服看今日未成洞情
状如何候明晨
示知再议改方
来示所云辛苦是仍发热否明
日乞将病情详告为幸此颂
节庵大弟　宝箴拜
长春已收否
廿日

# 張曜致福潤書札

少農仁兄大人閣下：

首道一席，擬委菁衫觀察署理，既可兼行提調之事，以便彈壓一切。想卓見當亦爲然。

手布奉商，敬請台安。

愚弟張曜頓首，廿二日。

**張曜**（一八三二—一八九一），字朗齋，浙江錢塘人。參與鎮壓捻軍、太平軍等起義，組建『嵩武軍』。官至山東巡撫。爲收復新疆、阻遏英俄侵略作出貢獻。卒後，追贈太子太保，謚勤果，入祀賢良祠。

大帥仁兄大人閣下台遣左

拙著刊觀察署理既

可否即行擬銜留以便存歷

一切懇

早見覆示無任為荷肅此敬請

台安

愚弟張長明頓首 廿二

## 吴大澂致張之洞書札

孝達老前輩親家大人閣下：

前交陳道、周道帶去兩緘，計均鑒及。

八月内應賀慈聖上徽號摺是否寫『皇太后天喜』『皇上天喜』，抑用四六賀摺？

尊處如尚未定，可否電詢南北洋，免致參差不一？候示，再行拜發。

革員張銘京控一案，聞已奏交台端查辦，但道原被誣控，近又添砌情迹，想在

明鑒之中，一覽而知其捏造也。

手泐，敬請勛安。

侍大澂頓首，六月廿一日。

昨日但道面稟會訊情形，屬其具一説帖以備省覽。

**吴大澂**（一八三五—一九〇二），字清卿，號愙齋，江蘇吴縣人。同治七年（一八六八）進士。官至湖南巡撫。曾與俄國進行勘界，簽訂條約，維護我國領土和權益。精于金石、鑒賞，富收藏。

孝達老前輩親家大人閣下前交
陳道周道帶去兩緘計均
鑒及八月内應賀
慈聖上徽號摺是否寫
皇太后天喜
皇上天喜抑用四六賀摺
尊處如尚未定可否

電詢南北洋免致參差不候
示再行拜發革員張銘京控一案
聞已奏交
台端查辦但道原被誣控近又添砌
情節想在
明鑒之中一覽而知其控告也手此敬請
勛安 侍大澂頓首 六月廿日

昨日但道面稟會訊情形屬兄具一說帖以備 省覽

## 聶士成致龔照璵書札

魯卿姻丈大人閣下：

昨承惠顧，幸領教言，迎敬多疏，并希鈞鑒。敬諗勛祺日懋，履祉時綏，至以爲頌。

兹由超海船主寄上仙鶴壹對，即乞莞存，是爲厚幸。尤冀台駕早日過旅，俾得時親麈教。雲天在望，盼禱深之。

專此布臆，敬請鈞安，伏希台鑒，不宣。

姻晚聶士成頓首。

**聶士成**（一八三六—一九〇〇），字功亭，安徽合肥人。官至直隸總督。先後參與鎮壓捻軍起義、中法戰争、甲午戰争、反抗八國聯軍侵華戰争，戰功卓著，于庚子之變的天津保衛戰中殉國。清廷追贈爲太子少保，謚忠節，立專祠。

魯卿姻丈大人閣下：昨承
惠顧，幸領
教言，迎敘多昧，并希
鈞鑒敬諗
勛祺日懋，
履祉時綏。茲以蕎頭并由趙海船主寄
工仙鶴畫對，即乞
莞存，是為厚幸。尤冀

台駕早日過旅俾得時親
麈教
雲天在望瞻禱深之專此佈此敬請
鈞安伏希
台鑒不宣

姻晚聶士成頓首

# 張之洞致焦佑瀛書札

新得一畫，山水小幅，題曰『津門陳梅邨畫』，印記亦止『梅邨』兩字。此何人也，或即青立別號耶？乞示。摺扇面能訪尋得一枚否？

敬上桂樵世伯大人。

小侄之洞頓首。

教子胡同。

**張之洞**（一八三七—一九〇九），字孝達，號香濤，河北南皮人。晚清洋務派代表人物。同治二年（一八六三）探花。官至湖廣總督、軍機大臣、體仁閣大學士。以顧命重臣晉太子太保。卒後，謚文襄。

新得一畫山水小幅題曰津門陳梅邨畫印記亦止梅邨兩字此何人也哉印青立別號耶乞指示扇面能訪尋得一枚否敬上

桂樵世伯大人

小姪之洞頓首

教子胡同

絳雲箋

# 洪鈞致顧壽喬書札

壽喬大兄閣下：

正盼音信，接到七月十一日五號手書，知十二日由屯赴上洋，日内想已到矣。頭幫茶不得利，究竟賣出得價若干，虧損若干，來信并不説明，令人悶悶。論理頭幫賣出之後，即應將詳細情形，信來相告，以釋繫念。閣下不過因爲生意不順，故不通知，然豈能始終不言明乎？前曾再三叮囑，信要勤寫，何以總不聽也！聞屯茶運上海者，賣價亦不一例，有三十餘兩者，有二十餘兩至三十兩者。同一出産之貨，何以價錢不一？恐請伙計及做手，大有分别。吾號得價實在若干，合計本錢折耗若干，頭幫於何月日出脱，賣與何洋行，二幫何月日出脱，賣與何洋行，一切情形，務即日詳細寫信來，不可遺漏，不可隱瞞。弟之所以信閣下者，專取誠實，若有隱瞞，則是不誠實矣。吴友既虧空號内二百餘元，何以能追出一百八十多元？來信所云，能否實在，不至相欺？若無此事，不妨實告。移東補西，遮飾了事，此則對不住人也。

弟七月内爲録遺一事甚忙，日内可以畢矣。署内均托平安，可紓遠念。

手此布致，即請時安。佇望回信。

愚弟洪鈞頓首，七月廿八日，五號。

**洪鈞**（一八三九—一八九三），字陶士，號文卿，江蘇吴縣人。同治七年（一八六八）狀元。官至兵部左侍郎。光緒十三年（一八八七），出使俄、德、奥、荷四國。嗜學，通經史。著有《元史譯文證補》。

壽春大兄閣下：正盼音信，接到七月十日五號
手書，知十二日由屯赴上洋，日內想已到矣，頭幫茶
不得利，究竟賣出得價若干，虧損若干，
來信並不說明，令人悶悶。論理頭幫賣出之後，即應
將詳細情形，從速相告，以釋系念，
閣下不過因為生意不順，故不通知，然豈能始終不
言明乎。前曾再三叮囑，信要勤寫，何以總不聽也。
聞屯茶運上海者，賣價亦不一例，有三十餘兩者，有

二千餘兩至三十兩者。因一出產之處，何以價錢不一。恐請伙計及做手大有分別，吾師評價實在若干。合計本錢、折耗若干。頭幫於何月日出脫，賣與何洋行。二幫何月日出脫，賣與何洋行。一切情形務即日詳細寫信來，不可遺漏，不可隱瞞。弟之所以信閣者，專取誠實。若有隱瞞，則是不誠實矣。吳友阮虧空歸內二百餘元，何以能追出一百八十多元。來信所云，雖屬實在，不至相欺。若無此事，不妨實告。

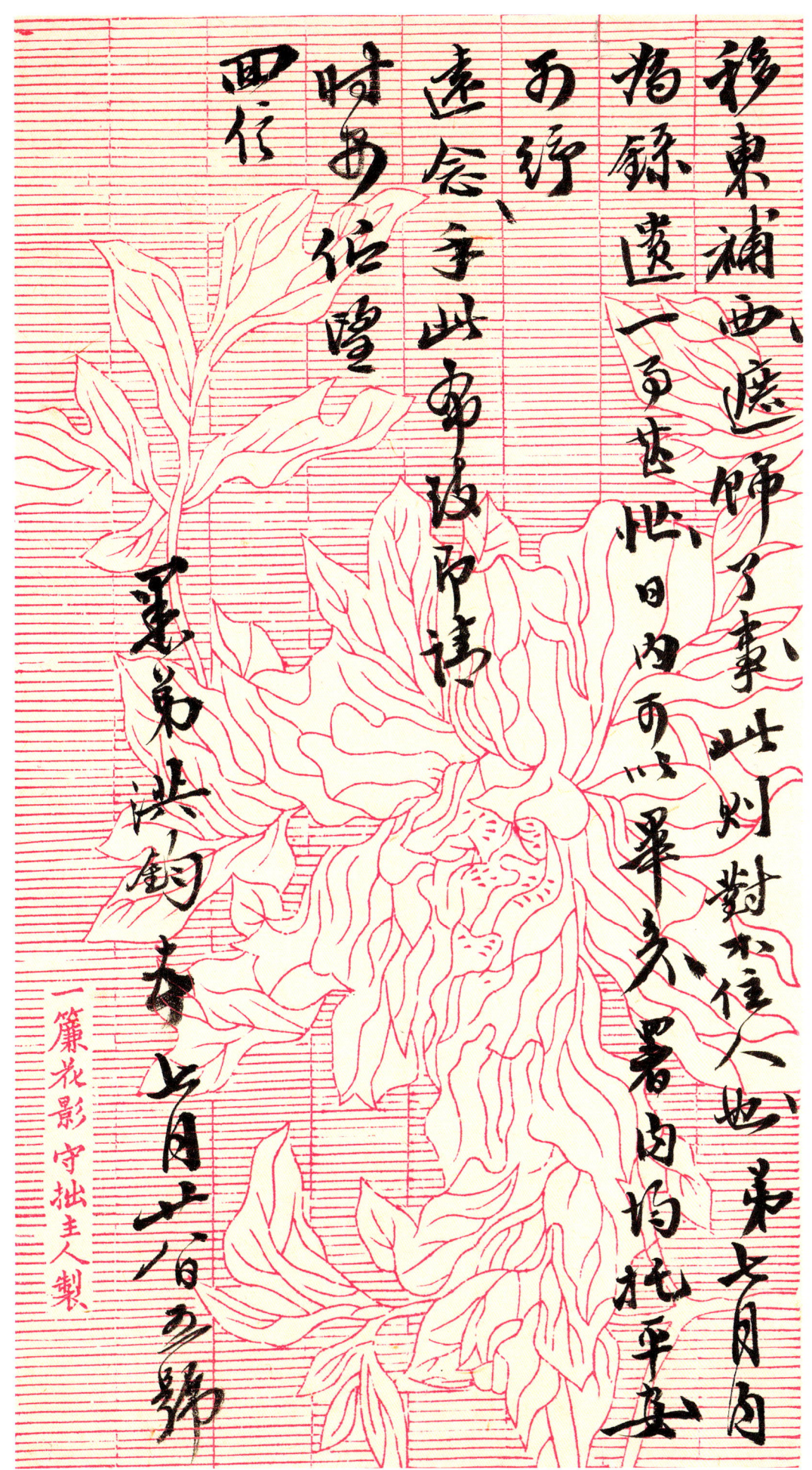

移東補西，應還歸了事，此外對不住人也。弟七月內擬錄遺一事甚忙，日內可以畢矣，署內均托平安，可紓
遠念。手此奉復，即請
時安，佇望
回信

愚弟洪鈞頓首 七月十八日五鼓

一簾花影守拙主人製

# 馬相伯致曹梁廈書札

梁廈同學侍右：

來示敬悉。請滿一學期再説。君識敦復於名利淡然，且杏佛語我，已爲代謀一位置矣。固知今日學風，做學生有萬能，做先生無一可，因其難，故請君勉爲其難耳。吾等終當保護大同以待轉機。高見當亦謂然。

匆復，順問道祺。

馬良啓，一月十四日。

**馬相伯**（一八四〇—一九三九），名良，字相伯，江蘇丹陽人。近代教育家。曾任駐日使館參贊、神户領事。光緒二十九年（一九〇三）創震旦學院并任院長。辛亥革命後，任江蘇都督府代理都督、北京大學代理校長等職。

梁廈同學侍右：

來示敬悉，請滿一學期再說。君識敦復禮，名利淡然，且在佛請，我已為代謀一位置矣。周知今日學風，做學生者萬能，做先生者一不可，因其難故，請君勉為其難耶！吾等從旁保護，共同以待轉機。高見當亦謂然否？順問

道祺

馬良啓　一月十四日

## 奕譞書札

由營署散歸得讀手復，備悉壹是，王章京旋來，送閱摺件均悉。左劉所論多合機宜。合肥到京後，删煩去複，切實定擬條款，即可舉辦。粵復尚未奏到，諒不日可來也。原件送收，希帶進内。此泐，即候時祉。

醇親王泐，初八申正。

**奕譞**（一八四〇——一八九一），字樸庵，號退潛主人，愛新覺羅氏。道光帝第七子，咸豐帝异母弟，光緒帝生父，宣統帝祖父。官至領侍衛内大臣，創建海軍。薨歿，謚醇賢親王，配享太廟。

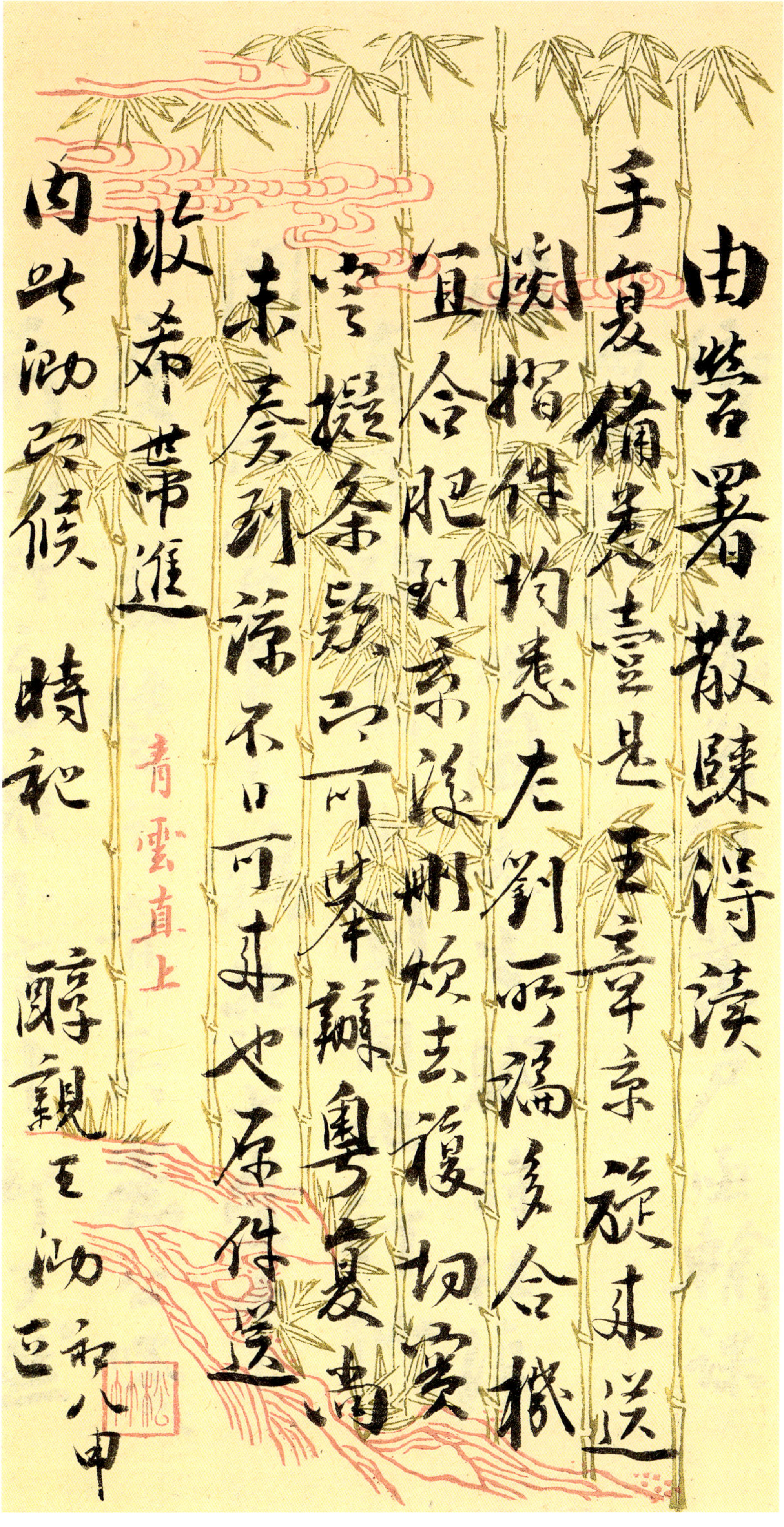

由譯署散騎得讀
手复備悉壹是王章京旋來送
閱指件均悉左劉所論多合機
宜合肥到京後删煩去複切實
寄擬條款已可與蘇粵覆商
未奏到儻不日可來也原件送
收希帶進
內此泐即候 時祉 醇親王泐 正初八申

# 陸潤庠致春巖書札

春巖姻年老伯大人尊右：

初一日由協同慶寄奉一函，并曹平足紋弍百兩，想計日可達。邇日敬維壽履康安，至以爲頌。初六日趙晋兄、孫得兄到東，帶奉賜函，敬悉莊務興旺，曷勝起舞，從此隆隆日上，想規復舊基不難矣。茲又繕就趙孫兩家支修摺二扣，乞飭送（得芝欲支至正月爲止，望照付）。又洪肇東一函（外洋六元，亦望由尊處劃付）。

此次侄到山東後，竟欲恃愛，以尊號爲後路，支發糧臺，諒長者不至呵斥也。添請錢乙生兄，亦由柳門薦，不知肯就否？茲欲在蘇購文章數種爲小兒學步，另單奉托，如購就後無處可寄，望由鏢局帶至泰安縣正堂吳惺初（常州人）代收（名士愷，戊辰散館，知縣老前輩），轉寄決無不到，且以後寄物可常由此路也。

誠甫、子培兩君聞已動身，想月内必到。蘊苓弟處近有信去，向來六親合運，明年一戰而捷，實在意中，非尋常祝詞也。

家君以次均各平安，足慰遠系。肅請尊安。

如年姻愚侄陸潤庠頓上，十一月十一日。

**陸潤庠**（一八四一—一九一五），字鳳石，號固叟，江蘇元和人。宣統帝師。同治十三年（一八七四）狀元。官至東閣大學士、體仁閣大學士。卒後，追贈太子太傅，謚文端。

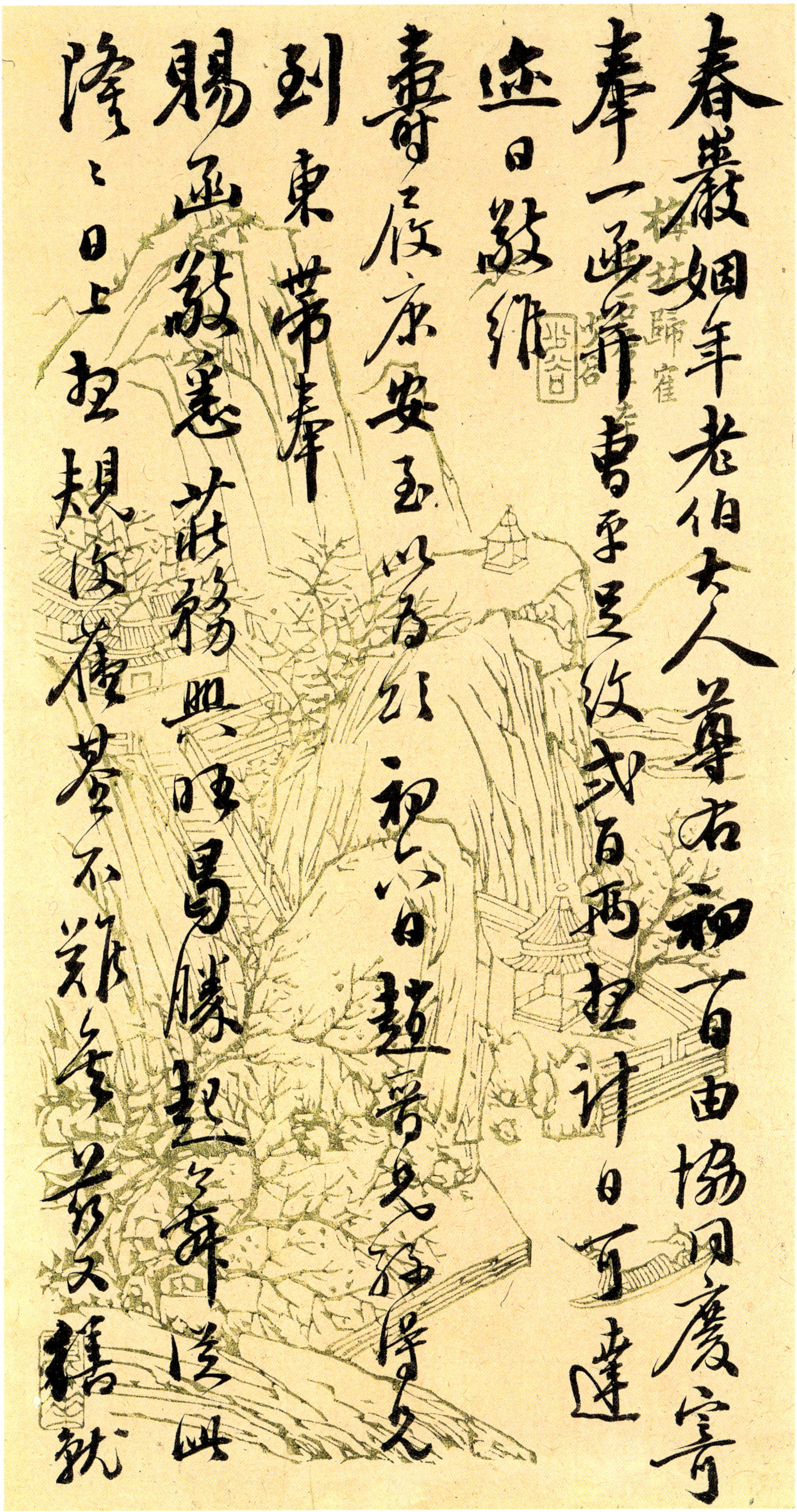
春巖姻年老伯大人尊右前日由協同慶寄奉一函并書呈紋式百兩想計日可達邇日敬維壽祉康安至以為頌姪以八日趙晉昨已抵得久到東萊奉賜函敬悉莊務興旺曷勝起舞從此蒸蒸日上想規復舊基不難冬春萬矣積就

趙孫兩家支脩摺二扣包 餉送
潯芝弟丈至正
月為止 望即付
又謝錢肆東一函 外洋六元亦望由
尊叟劃付 此次總到山東後
竟那情
優以等節為 後路支發糧臺譔
長者不至眴所也 除請錢乙生久由柳泉荐
不知肯就否 若就在蘇購文事數種為幣學
弟另單奉托兆購勤段無需不寄 望由鐘局

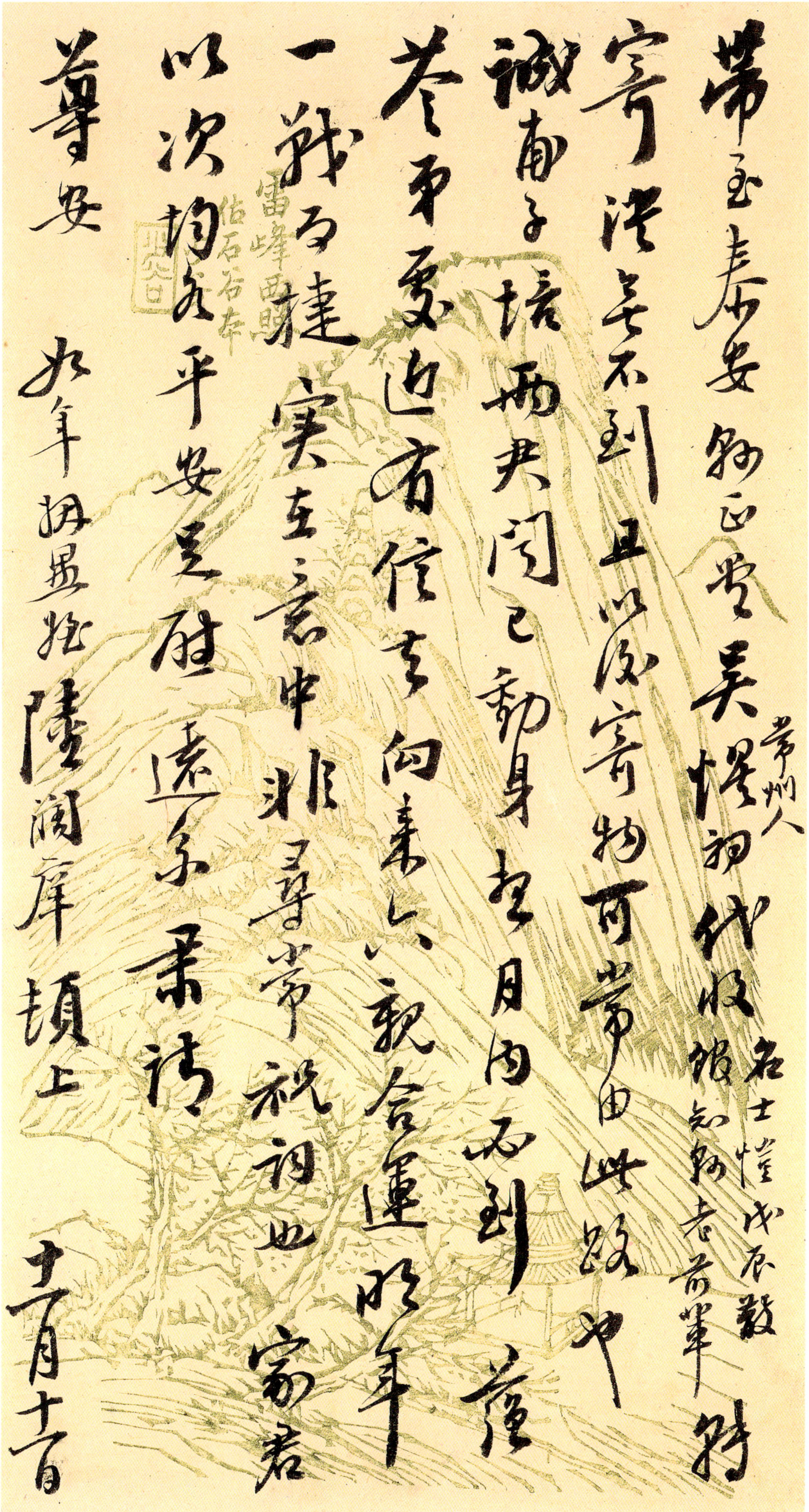

芾丞寿安　舒正贤　吴煋初（常州人）□收　名士性伉爽敬　娘知□者前辈　特
寄信足不到，且以后寄物可常由此路也。
识南子培两君，闻已动身，想月内可到。藩
参平要近有信否，向来亲舍，运明年
一战可捷，实在意中，非寻常祝词也。家君
以次均平安，足慰远念。请
尊安
如年姻愚侄陆润庠顿上　十月十日

## 呂海寰致吴重憙書札

仲怡二哥仁大人閣下：

頃匆匆未得談爲歉。

公請秋圃留守、午橋中丞聞係明晚，未知已下帖否，陪客何人？昨劉星階學士來，言清、端二位均係熟人，渠願附名，乞卓裁。

三董送來所擬説帖及簡明章程，送請查核。如不詳備，務請削正是荷。俟交回，再送杏老核閲也。

此布，敬請台安。

愚弟呂海寰頓首，廿六。

附説帖及章程一封。

**呂海寰**（一八四二—一九二七），字鏡宇，山東掖縣人。同治六年（一八六七）舉人。官至兵部尚書、外務部尚書，曾主持庚子之變後之商約談判。中國紅十字會奠基人之一。著有《奉使金鑒》《庚子海外紀事》等。

仲怡二哥仁大人閣下：頃由、未得談，為歉。公請秋圃留守、午橋中丞，同係明晚，未知已下帖否？語君何人耶？劉星階學士來言清瑞二姪均係熟人，渠願附名，乞卓裁。三華呈送來所擬請帖及簡明年

程呈請
查核及五符備稿請
削正呈覆荷俟
主回再送 查明核閱此呈鄂請
台安 孟弟吾海寓 春廿其
附說帖乃專程一專

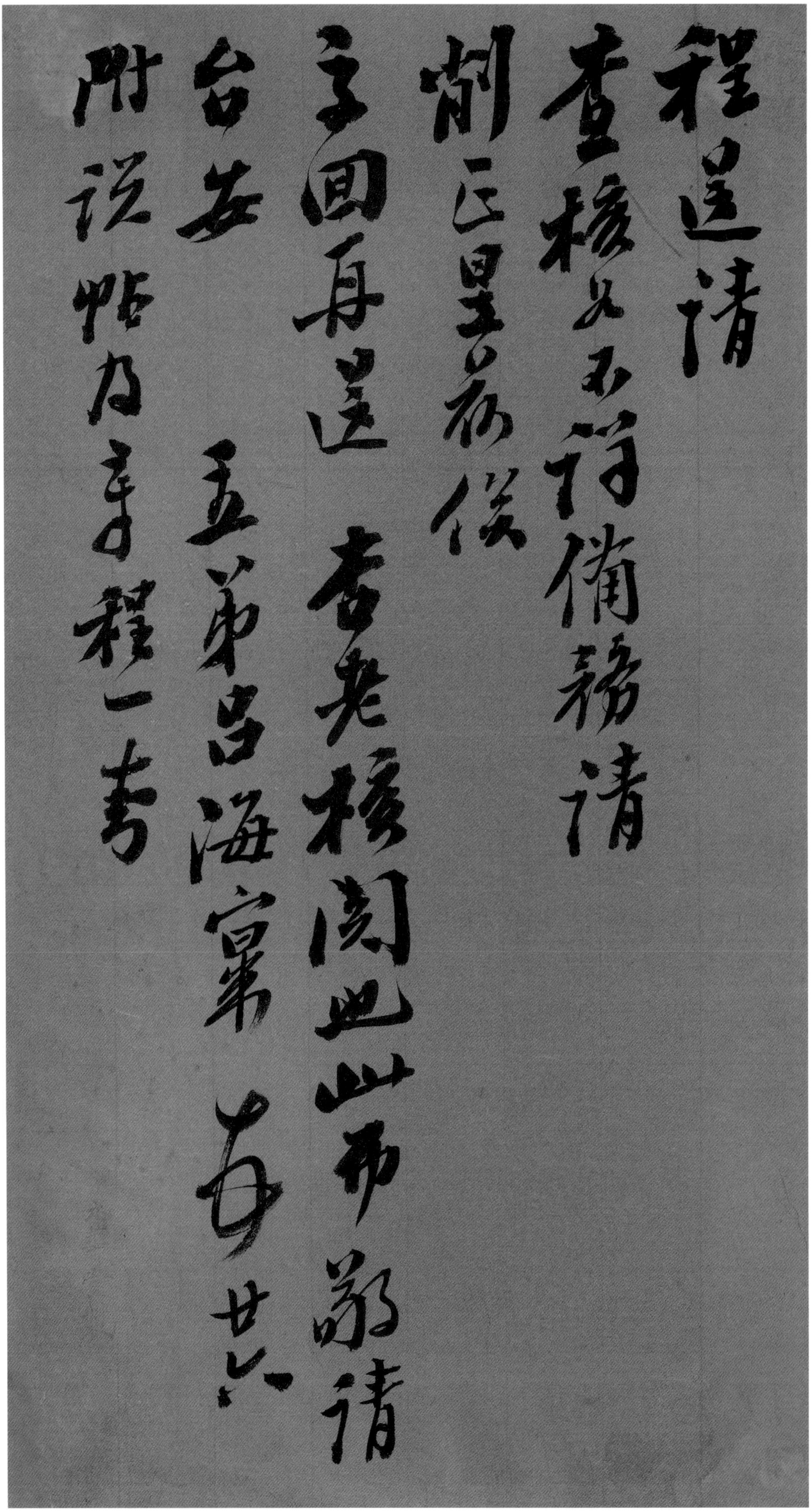

# 吴昌碩致成多禄詩札

新茶寄貞長

新茶一味苦，苦亦耐幽尋。煎出雙鬟手，禪添老佛心。生風狂自賞，當酒夜還斟。只少談山客，清暉滿竹林。

薄莫登惠山深處

雨濕青芙蓉（芙蓉山名），如摇萬柄風。人行半天上，星摘一樓中。唐篆迷孤石，秦封倚古松。月明飛動意，來自五湖東。

藝鞠圖

十畝東籬鞠，生涯重醉翁。鑱扶同谷意，瓮抱漢陰風。作枕仙應借，餐英道未窮。重陽來就汝，寒色洗雙瞳。

吴淞海面樓

入夏光陰未熟梅，狂翻地軸作春雷。艷情灼灼桃華泊，聾趣喃喃燕子陪。東望極天無樂土，南游尋夢到深杯。眼前棋局彈何益，且看潮頭萬馬回。

宣統亥年閏月，吴俊卿草草。

**吴昌碩**（一八四四—一九二七），名俊卿，字昌碩，號缶廬，浙江安吉人。近代書畫家、篆刻家。詩、書、畫、印皆精，爲一代藝術大師。西泠印社首任社長。

秋農寄兄長

秋葉一味香，亦樹幽尋萬壑溪，於喬子

禪參老佛心，生兄祖自當尚酒，固留還斟

共少談山客居暉海竹林

舊尊弁坐憶山深處

西溪生長芙蓉，芙蓉山居，白雲萬象樓几人行

浚二十又七

戊申

半天上星篇摘一株香，色筆叢逃孤為嘉

封傳古松月，照乎九動旁來不自立湖東

菊磵圖

十畝東籬鞠生涯金錢簇簇鐃扶同

苔意瓶花溢債氣作桃化齊借滄吳

返山去寄宣論來就池塘邊洗漢疏瞳

吳天淞海有樓

入夏光作未熟梅程藕收抽作去書

鱸烟燒燒桃葉泊新趣南情遊子陰

東坐操急遣天笑樂士南海尋樂

到你愛眼前授局操此蓋具有湖

形勝之區閣

宣統元年閏月

良卿

# 繆荃孫致徐乃昌書札

積餘仁兄大人閣下：

昨奉手書并《皕宋書緣起讀書圖》一軸，費神，謝謝。推許尤不敢當。

丁孟輿已回，明年仍可蟬聯。據云前漢全畢，絲格本不厭詳載，無論何人，照絲格本可校。劄補尚欠三本未竟，范書明年再動手，劄補交姜文卿，刻手找人住在□局。厨房帶飯，時時問丁孟輿，比在俌子較易，然所費不貲，今將姜文卿帳及厨房帳呈上，内有與兄莫逆者，漫無界限，乞兄聞之。

此上，即請台安。（并謝鮑先生）

弟繆荃孫頓首。

汪子淵又往催，無回信。

**繆荃孫**（一八四四—一九一九），字炎之，號筱珊，江蘇江陰人。近代學者、教育家、藏書家。光緒二年（一八七六）進士。官國史館總纂。著有《藝風堂金石文字目録》《藝風堂集》等。

積經　仁先先大人閣下：昨奉
手書並所寫述緣起、讀畫圖一軸，書、
神術、推許尤不敢當。下至與右面所年
御之像朕，據云影漢全畢，係據本不厭傳載。
無論何人照，係據本不可校刻補，若欠王本果竟
前此所年再細乎刻補變異，卿知乎

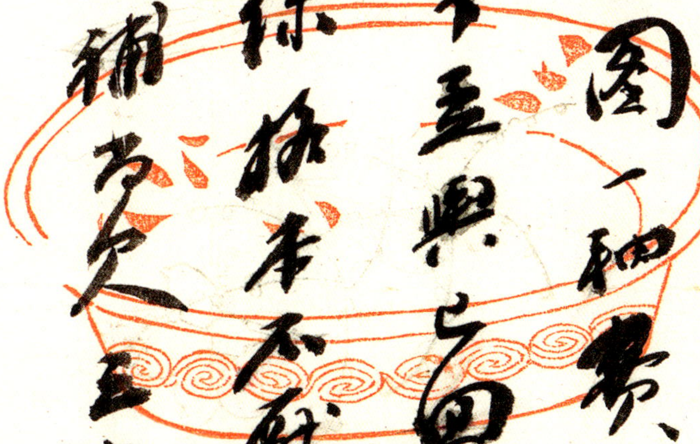

我人住在高亭廚房常懷時〻有問大至興化
在備了骸易出所費不貲令侍姜文卿帳
及廚房帳單之內有〻
先莫過問侵無界限乞
先閱〻此印請
多安 並御
鮑先生
弟譚澤闓
淳淵之往依
無回信

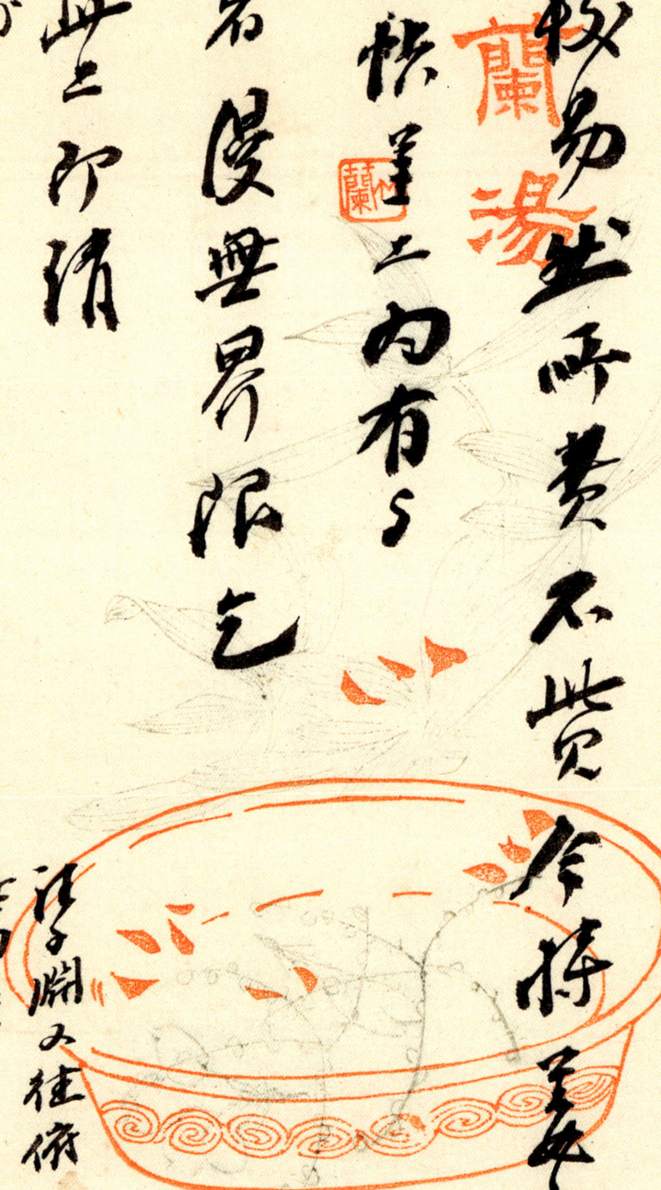

# 盛宣懷致吕海寰書札

鏡宇仁兄尚書閣下：

頃福開森來，言古納已允加『或在起運處』五字。西門又允在末印加『并本款内各印字樣，而將照會退回』等語，又云賀税司函致古納、西門，以『我們商改大綱三編秩可不以爲然』等語，已屬福開森自向尊處向商矣。洋文正本弟已校對，特送繳，請即轉送楊、馮二君迅速謄正，惟第四款既不定，祇可俟商定後再抄。

敬請台安。

治教弟制宣懷頓首，八月初六。

外附一本并賀二件，又巷電一本。

**盛宣懷**（一八四四—一九一六），字杏蓀，號次沂。江蘇武進人。晚清洋務派代表人物。早年入李鴻章幕，督辦輪船招商局、電報局，後官至郵傳部尚書。中國近代民族工業的奠基人。

镜宇仁兄手书阅悉，以福开森来之大佛已

允加跋在题签为五字，西门又允在末页加题

本件内各页字样不得照会，还回寄我，又云

那卷门面后古佛两门，以我所言后大周三编

精本不以为然。弟得已否，福开森自向

子高索之矣。泽文正午即已接到，对米送

海月笺 上海朵云轩监制

樹滋仁弟

續送楊馮二君及速騰飛帳，弟四號返

不日只可任所意保再動身耳

台安

從叔弟斯六頓首

八月初六

前附上年函收二件 又君民寄年

## 王懿榮致仲老書札

仲老世年伯大人坐下：

在省得叨盛宴，并荷賜書製橘諸惠，感謝萬狀。屬件當飭專足送往，命其守候，刻尚未回，容再報命。《疑年録》并《續録》兩册敬呈鑒存。炎之五兄到京後，想時有竹報，念甚念甚。方信一、沈信一敬祈飭交爲叩。年近歲寒，伏惟起居珍攝。專叩年喜。合府清福。

年世侄懿榮上，十三日。

信封：仲翁年伯大人賜啓

王懿榮（一八四五—一九〇〇），字廉生，山東福山人。清代金石學家。光緒六年（一八八〇）進士。官至國子監祭酒。善訓詁金石之學，收藏古璽印、古錢幣頗豐。甲骨文首位發現者。庚子之變中殉難，謚文敏。

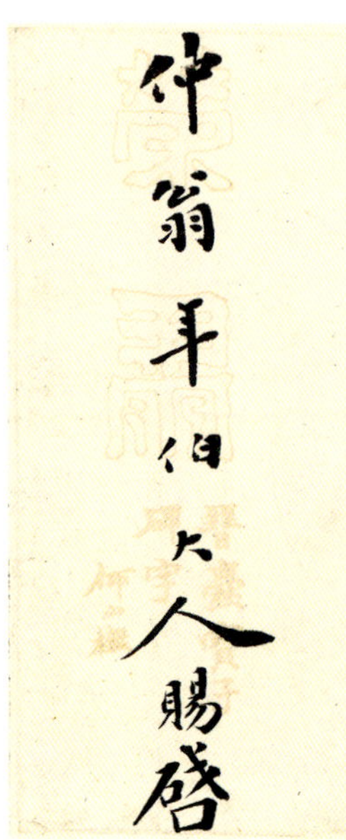

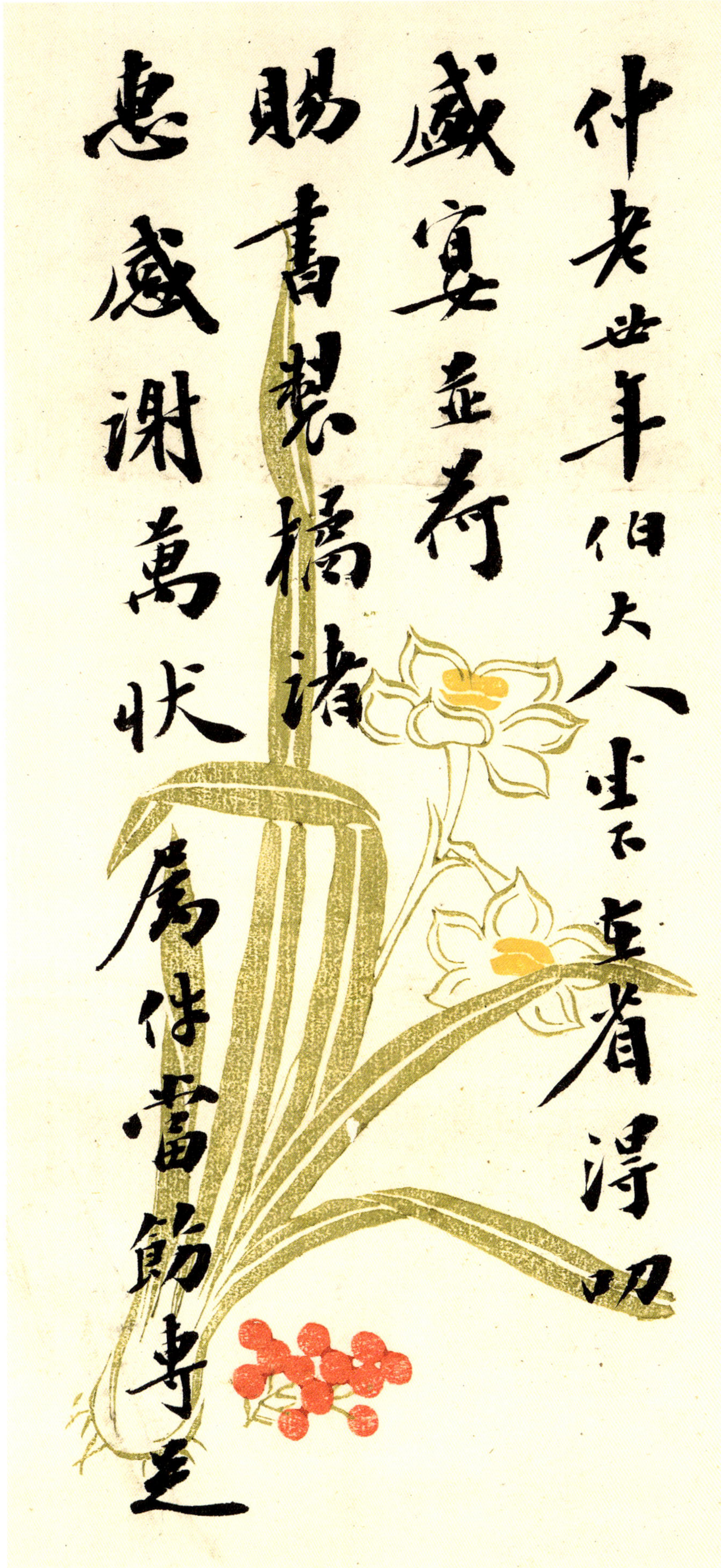
仲老世年伯大人坐下：昨者得叨
盛宴，並荷
賜書琴橋諸
惠，感謝萬狀。
屬作當飭專呈。

遠往命史守候刻尚未面容再款
命題年録并續録兩冊敬呈
鑒存 奕之五兄到京後想時有晤
報念甚〻 芳信一 沈信一 敬祈

飭交為叩年近歲寒伏惟
起居珍攝專啟
年喜
年姪拜懿榮上
十二月
合府清福

## 沈曾植致徐乃昌書札

《廣武碑》奉到，謝謝。《大乘次第章》一册、相宗要典聊以伴緘，匪云報也。《佩觿》萬玉、袖珍麻沙如不能得，似不可不記其崖略。

覆請積畲仁兄姻大人年安。

期植頓首。

**沈曾植**（一八五〇—一九二二），字子培，號乙盦，浙江嘉興人。清代學者。光緒六年（一八八〇）進士。官至安徽布政使、護理安徽巡撫。以『碩學通儒』蜚振中外。

廣心硯本玉泉四寺字一册
相光不多些紙必佛統善玉
油弥麻油如蘇有松及私孕魔将
穗奉南仁文烟之笔书

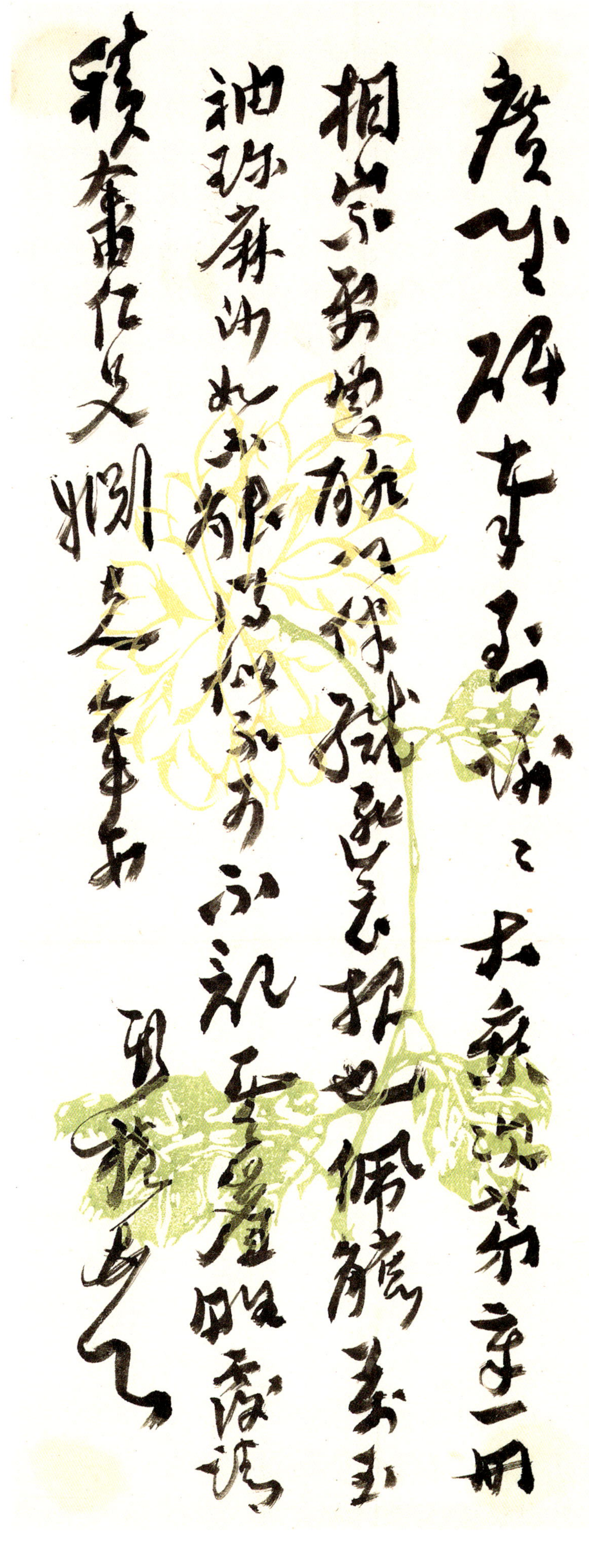

# 瞿鴻禨致李輔燿書札

幼梅兄長姻世同年大人閣下：

自有浙中之行，無日不念足下。到後，與韡之常相聚語，又未嘗忘足下也。

在塗上三叔書，欲足下翩然而來，爲我他山之助，未知有意否？頃辱惠函，所以相期者甚厚甚厚。諸承導指，感何可言。足下聞根寂靜，正足辟囂，此未爲病，近想清聽開張，日臻聰健矣。

弟奉命後，匆促出都，取疾航海，安穩無恙。初八抵武林，十一受事，十七移入公廨。湖山之勝，文物之美，頓洗胸中俗塵。惟承乏名區，實慚非分，力小任重，彌切竦惶。足下情均弟昆，尚望時時規我，俾無失墜，爲鄉黨羞，幸甚幸甚。

長沙公望，不才其何敢追鼎足之訓？惟有心鄉（嚮）往之而已。越中李蒓客同年贈行詩云：楚南玉尺臨吾邦，前有徐叟後有王。君今更出儕輩上，頓令越紐生輝光。良友心期，同茲勖劭，敢不勉諸？文風較勝之處，士習亦較劣，有慨乎其言之誠，不易之論。前任徐、胡、祁三老所告皆同，子禾年丈尤具苦心，以謂寬大相承，流失滋甚，毋寧威克，少可補救，但須操縱得宜耳。與足下用愛不可過厚之旨若合符契，請事斯語矣。

襄校已得九賢，因當下有到省即須出棚之説，是以從寬延訂，無乃過多。祁丈薦三人，鳳石薦兩人，徐季和薦一人，其三人則益吾所薦，而皆弟所夙知者也。内有石門之閻季蓉、貴邑之吴蓂階，足稱法眼，亦極純粹，約京兆試後即來。衢嚴雖人少，聞上流湍悍，往返需時，又中丞已奏定，曉諭在先，樂得專辦録科，較爲不迫。豐雲朋、成竹銘、馬星五三君，誠如公言，温厚可親，自當兄事，其梅、楊、張五君，皆風雅之選，經大賢品題，尤非凡賞，暇時容一一致之伯輿。

自湖口亟歸，恐不易償其所望，韡之言渠欲屈居巡捕，則何敢當，且已因祁丈之言，任用舊人矣。吾鄉禁會滋事，竟至焚毁藩署，風氣日非，可爲駭嘆，豪末不扎，將尋斧柯，恐不能不加懲創也。

前需膏丹諸種，在京乏便未致，茲并寄呈察收。惟夾紙膏别一處，行時急卒，未買得耳。

拉雜奉報，懷想不能已。伏惟侍奉萬福，珍重珍重。

如弟期鴻禨頓首，六月晦。

**瞿鴻禨**（一八五〇—一九一八），字子玖，號止庵，湖南善化人。同治十年（一八七一）進士。官至工部尚書、外務部尚書、軍機大臣、協辦大學士。著有《止庵詩文集》《漢書箋識》等。

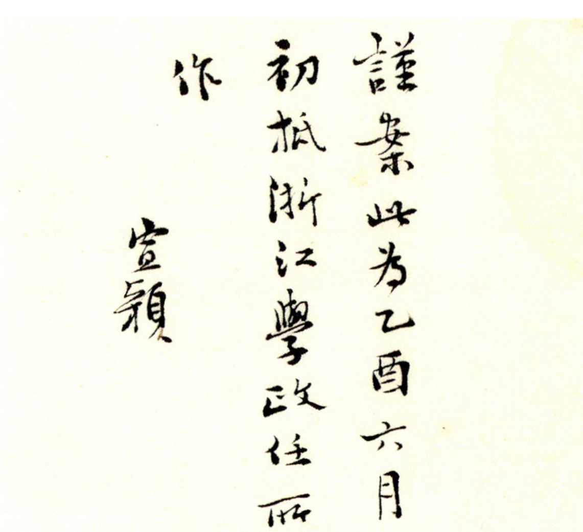

謹案此爲乙酉六月初抵浙江學政任所作。

宣穎。

幼梅兄長姻世同年大人閣下自有浙中
之行無日不念
足下別後與韡之常相聚語又未嘗忘
足下也在途上
三叔書札
足下翩然而來為我他山之助未知有意
垂及辱
惠函所以相期者甚厚〻諸承

漪漪生淇澳
松竹齋寫意

尊指感何可言
足下閒根屏靜亡足辟囂此亦為病近想
清聽閒張日隆聰健矣前奉命陛恩
従出都取疾航海安穩無恙初抵武林十
一受事十七移入公廨湖山之勝文物之美
亂洗胸中俗塵怪承之名區實慙非分
新篁纔解籜
松竹仿古
力小任重彌切悚惶
足下情均弟昆尚望時

規我俾無失墜為鄉黨羞幸甚〻〻長沙
公望不才其何敢追其至之
訓惟有心鄉往之而已越中李蓀宦同年
贈行詩云楚南玉尺臨吾邦前有徐寧侯
有王君今更出儕輩上長令越江生輝光
良友心期同茲最勗敢不勉諸文風軫騰〻
處士習〻政尚有慨乎其言〻誠不易〻論
前任徐胡邴三老所告皆自子禾年丈尤

新篁纔解擇
松竹仿古

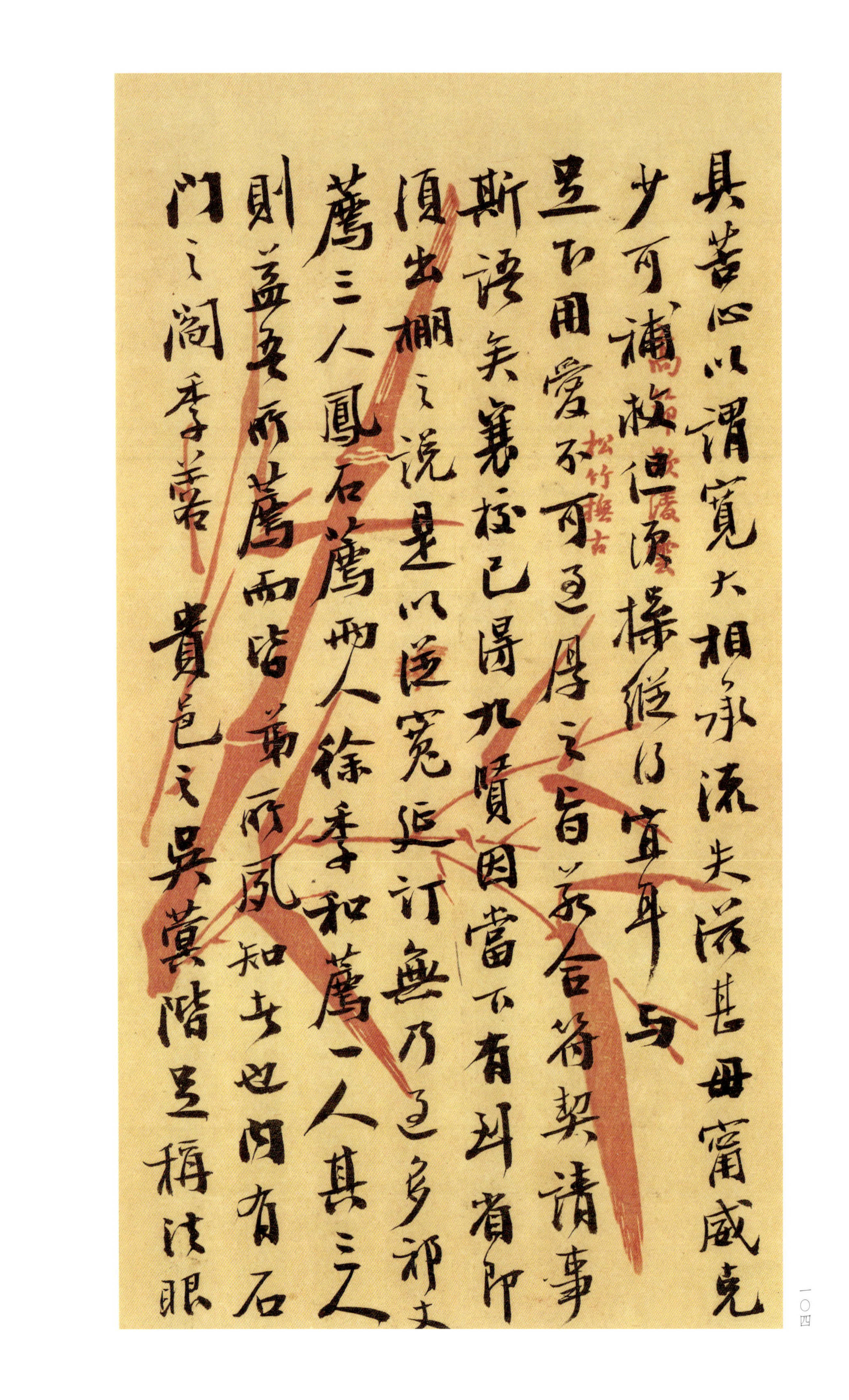

具苦心以謂寬大相承流失滋甚毋甯威克
少可補救但須操縱得宜與
足下用賞不可過厚之旨若合符契請事
斯語矣寒校已得九賢因當下有斗省即
須出棚之說是以通寬延訂無乃過多神夫
薦三人鳳石薦兩人徐季和薦一人其三人
則益吾所薦而皆弟所夙知者也內有石
門之閻季蓉　貴邑之吳蕢階星梅法眼

松竹擬古

亦極純粹，約京兆試後即來衢嚴諸人也。
閩工流滯，得往返需時，又中途已奏定之曉
諭左光樂得專輸録科，較為不迫。豐雲
朋成竹銘馬星五三君識如
公之溫厚可親，自當兄事其長。梅楊張五君皆
風雅之選，從
大賢品題，尤非凡賞。暇時容一致之。伯與
自湖口亟歸，恐不易覓其所，望肆之之文渠

松竹擬古

發屆居巡捕則何敢當且已因祁丈之言
往用舊人矣吾鄉棊會滋事竟至焚燬
藩署風氣日非可為駭歎處處來示札將尋
斧柯恐不能不加懲創也前
需膏丹諸種在京之便未得備併寄呈
登收惟夾紙膏別一處行時急卒未買得
丹拉雜奉報懷想不能已伏惟
侍奉萬福珍重
如弟鴻禨
頓首
六月晦

新篁纔紙箋擇
松竹仿古

## 陳三立致陳方恪書札

**七兒知悉：**

久不得汝信，康晦亦無信至，不知其舊病復發否？吾體氣甚好，小便亦清澄無滓。惟遭此奇變，雖幸未赴北京，免受虛驚，而山居消息延滯，中心不無焦急耳。

茲有姻世講江西女子公學校長喻氏爲賀遜飛夫人，創辦此校，歷光緒紀年至今，成績卓著，苦於經費奇絀，前曾請願於中英庚款董事會，乞分與補助，業經允準立案。近聞不久又當開會，喻校長以葉玉甫兄亦會董之一，欲求其提前交會議，冀補助早獲實效。查此尚非違法理之要求，喻校長抵滬，可轉達玉甫，幸與接洽。如能設法爲力，不獨可成全喻校長苦志，亦江西女學界之幸也。

附節略一紙。

散原老人，十一月八日。

**信封**：帶交方恪七兒手收。牿嶺散原老人緘

**陳三立**（一八五二—一九三七），字伯嚴，號散原，江西義甯人。光緒十五年（一八八九）進士。助其父陳寶箴于湖南施行新政，戊戌變法時与父同被黜。善詩，爲『同光詩體』代表人物。

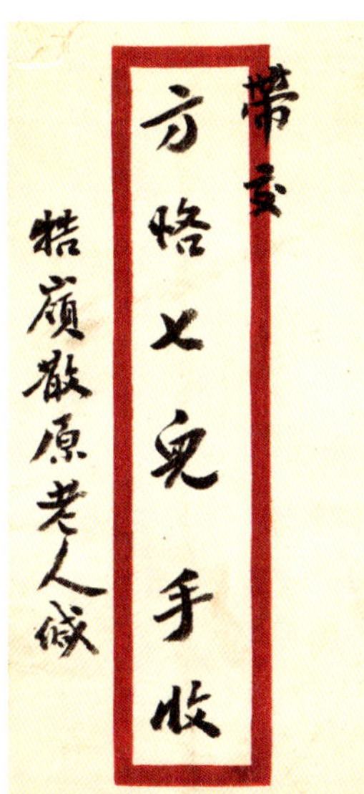

七兒知悉久不得汝信康晦亦無信至不
知其舊病復發否吾體氣尚好小波亦清澄
無恙惟遭此奇變雖幸未赴北京免受虛
驚而山居消息延滯中心不無焦急再於
有姻世講江西女子公學校長喻氏爲賀遐飛
夫人創辦此校歷光緒紀年至今成績卓
著若於經費奇絀前曾請願於中英庚

志成製

款董事會之介与補助業經允准立案
近聞不久又當開會喻校長以業玉甫之
亦會董之一欲求其提前交會議冀其補
助早獲實效查此尚非違法理之要求
喻校長祗隨可轉達玉甫華与接洽如能設法
為力不獨可成全喻校長苦志亦江西女學界
之幸也附以節略一紙敬原夫人 十月八日

# 林紓致成多禄書札

澹堪先生足下：

得書并玉照，神儀邁爽，遺老之容也。先生居近陪京，目擊時變，安居不出，於計良得。紓旅食長安，江上無田，但能以賣畫自活。近爲歷史小説三種，道庚申、庚子、辛亥時事，將次出版，定寄呈先生一政。東省隆寒，尊患新痊，幸自衛攝。大作幽蒨哀艷，似姜白石，讀萬遍矣。

弟林紓頓首。

鈐印：畏廬（朱）

林紓（一八五二—一九二四），字琴南，號畏廬，福建閩縣人。近代文學家、翻譯家。光緒八年（一八八二）舉人。工詩及古文，以譯外國小説一百八十余種著稱於世。擅山水，又能花鳥。

澹堪先生足下：得
書並
玉照，神儀邁貴，
遺老之容也。
先生居近 浩京，目擊時艱

索居不出於什良得行旅
食長安江上寫画但能以賣
畫自活近有歷史小說三種
之庚申庚子辛亥時了將次出
版定寄呈

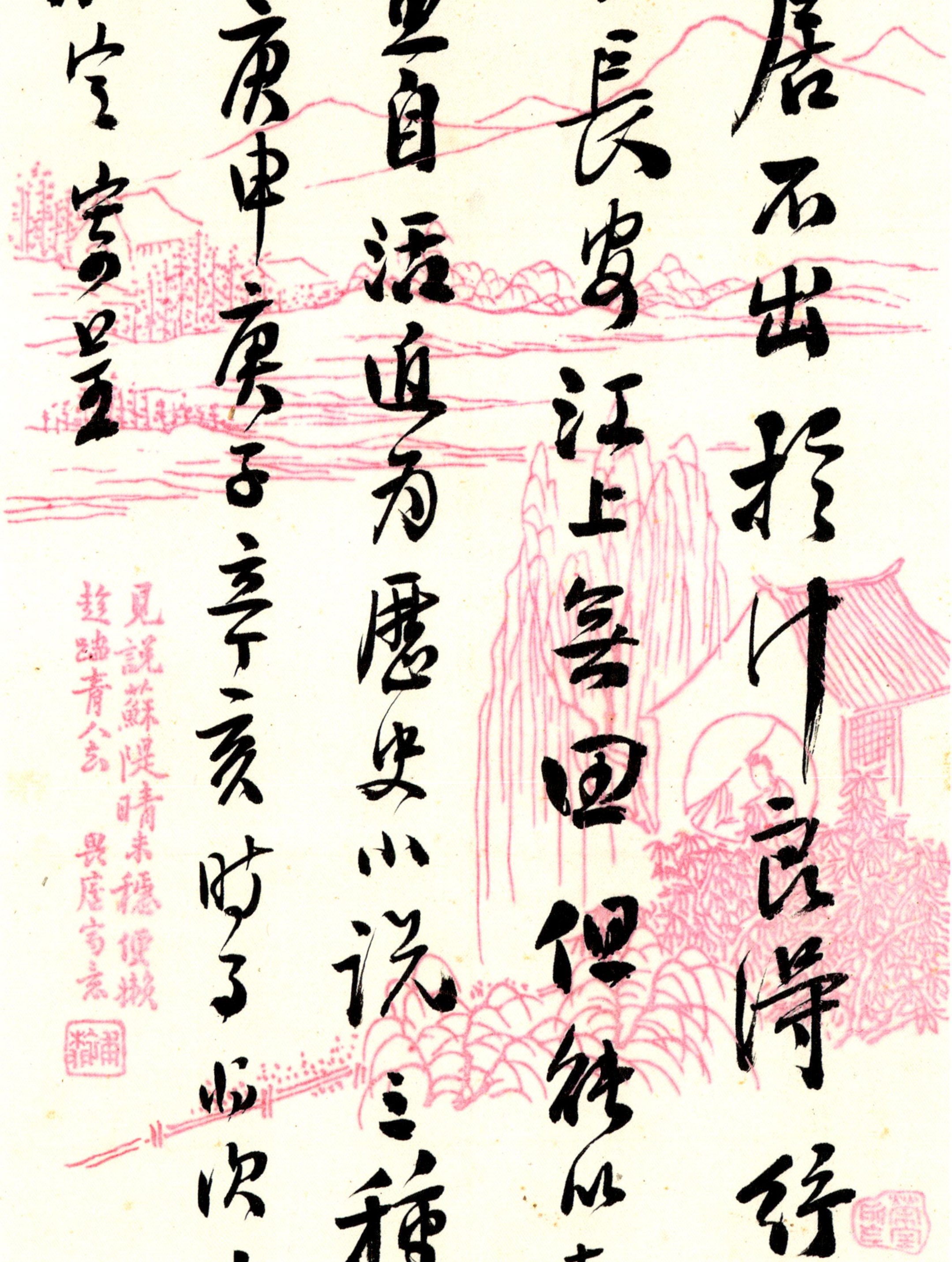

先生一路東省隆寄
尊處新疫幸自
衛攝　大作出篇言詞
似姜白石讀萬備矣
弟林鍇頓首

# 江瀚致尚小雲詩札

贈尚小雲

徐引歌喉一綫清，燕臺菊部久知名。我來翻訝春何早，二月初旬已聽鶯。

芳蘭競體玉爲姿，二十年華正好時。骨節會歌聲會舞，令人却憶牧齋詩。

石翁戲草。

**江瀚**（一八五三——一九三五），字叔海，號石翁，福建長汀人。近代學者、詩人、教育家。官至河南布政使。民國時期，曾任京師圖書館館長、京師大學校代校長。著有《吴門銷夏記》等。

贈尚小雲

條引歌喉一綫清燕臺菊部久知名我來
翻訝春何早二月初旬已聽鶯
芳蘭竟體玉為姿二十年華正好時肯節
會歌聲會舞令人卻憶牧齋詩

石翁戲草

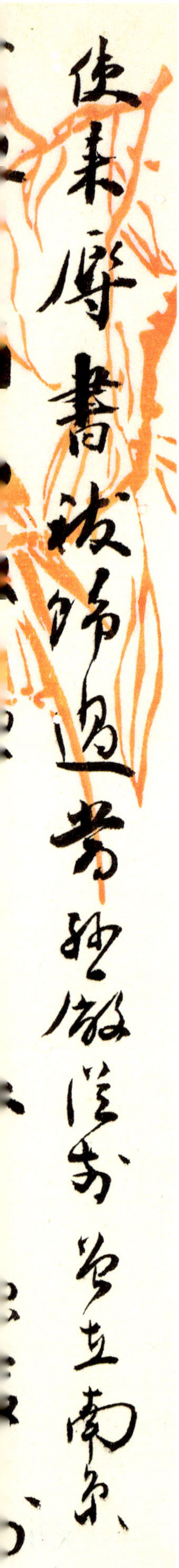
使來辱書祓飾過當紗廠從前曾在南京

## 張謇致章邦直書札

使來辱書，祓飾過當。紗廠從前曾在南京買過舊綉、樹被之類，至今未換，公司欲援此例豫爲之。其實，屋尚未成也，公司五年内無日不用錢，無日不當節省，何敢華侈？至於寒家，則從無此類文綉之物，彌懼不稱，請兄仍退還前途。原典物若有粗可看者，爲公司提存，花色不全無礙。若不便，即作罷論。將來屋成，過年可做紅泥鋪墊也。

治翁物謹璧，乞致意道謝。公司已無事煩省城。天下老鴉一般烏，我何從防，何從避？聽容所爲而已。

希瑗仁兄。

謇頓首，五月廿四日。

**張謇**（一八五三—一九二六），字季直，號嗇翁，江蘇海門人。近代實業家、教育家。光緒二十年（一八九四）狀元，授翰林院修撰。民國元年（一九一二），任南京臨時政府實業總長、北洋政府農商總長兼全國水利總長。

豫為之主，主意屢屢尚未成也。以目下五年內之大局不用術

之七日不出當不可當何華能偽，至於此之富，則從之大失歟 不與典籍

文術之物，練習不採，請覽，仍退還於途矣。有

糊而之錢者為以目下採存花色之大礙，至未受之

作一號以為集屋成道之年可做行何鋪執照比

將物權歸了已收之後途以目下已無之煩

貴妹天下老穆一般為我何從防何從避之隊

為命也 弟壤頓首

字之先生

五月廿四日

# 嚴復致孫壯書札

伯恒仁兄執事：

手示讀悉。股息收據業由敝處寄申，囑劃交麥加利收入，尊處應請毋庸備於候付。

手此奉復，即頌暑祺，不宣。

弟復頓首，七月三日。

結册收到。

**嚴復**（一八五四—一九二一），字又陵，號幾道，福建閩侯人。近代思想家、教育家、翻譯家。光緒三年（一八七七）赴英留學，譯《天演論》。後任天津水師學堂總辦。辛亥革命後，曾任北京大學校長。

伯恒仁兄執事

手示讀悉，股息收據業由收處寄申

囑劃交麥加利收入

尊處，應請毋庸備據，候付。手此奉復，

即頌

公

暑祺，不宣

弟攸長

七月三日

結册收到

# 張勳致姜桂題書札

翰仰軍門大人閣下：

前由隆福寺遞上一緘，計登台覽。敬維勛祺楙集爲抃。

弟於廿日恭送三立位回鑾，廿三抵京，沿途一切平安，堪紓綺注。閲邸抄，知尊處奏請隨辦陵差，在事文武員弁請獎一摺，奉硃批俞允在案。弟擬將隨帶辦事差弁補用都司王耀廷、補用游擊董玉嶺附入剡章。該弁實係在事出力，務希推愛成全，不獨該弁感激已也。

餘容再謝，匆肅。敬請勛安。諸惟亮照。

愚弟張勳頓首，十月廿四日。

敬再懇者，茲有前河南補用道洪道懌孫，與弟交好有年，深知其平日辦事精明練達，器識不凡，究屬有用之才。因事遽掛彈章，以一眚廢弃終身，未免可惜。此次隨辦陵差，實係在事勤慎，趨公不無微勞。擬請將該道銜名附列剡章，想知己必能樂於成全，感同身受。

再請勛安。

弟又頓首。

附上銜條三紙。

**張勳**（一八五四—一九二三），字少軒，號松壽老人，江西奉新人。晚清時官雲南、甘肅、江南提督。辛亥革命後，曾任江蘇督軍。民國六年（一九一七）發動政變，企圖復辟，失敗後蟄居津門。

翰卿軍門大人閣下：前由陸路
寄還上一緘，計登
台覽。敬維
勛祺懋集，為祚。來於廿日恭送
三五任回臺，廿三抵東，沿途一切
安祉。侍

清秘閣製箋

諭往閱邸抄知

尊處奏請隨一[illegible]

陵寢在事文武員弁請獎一摺奉

硃批俞允在案本擬將隨帶

一併事呈奏補用都司王耀廷補用

游擊董玉嶔附入劄章該兵

清秘製箋

寶侯老弟出力頗著推愛成全不獨誤余感激
良也在冥再謝每當敬致
勳安諸惟
亮照
愚弟張勳拜
十月廿四日

清秘藏箋

敬再包者歲有前汉南補闕道洪
道烽孫與弟父均有年深
知其年日一殲專精屹建達
器識不凡究居有闲之才困事
遇桂蹤華以一菁麾棄
後自來免于楮此次隨辦

清秘製箋

陵差實係在事勤慎趨公不無微
勞擬請將該道銜名附列尤為
幸也
知己必能樂於
成全感同身受再請
勛安　弟文[illegible]
附上銜條三紙

清秘製箋

# 徐世昌致劉仲魯書札

示悉，枚兄遠行，弟已偕數人公餞，且初八範孫前輩約城内宴集，座中亦有枚、岑。長春勝會不克赴矣。此復，敬請開安，雨中勞使下問，費神，感感。

貴上老爺。

弟昌再拜。

**徐世昌**（一八五五—一九三九），字菊五，號水竹村人，河南衛輝人。光緒十二年（一八八六）進士。官至巡警尚書、東三省總督、軍機大臣、體仁閣大學士。民國七年（一九一八），被國會選爲民國大總統。

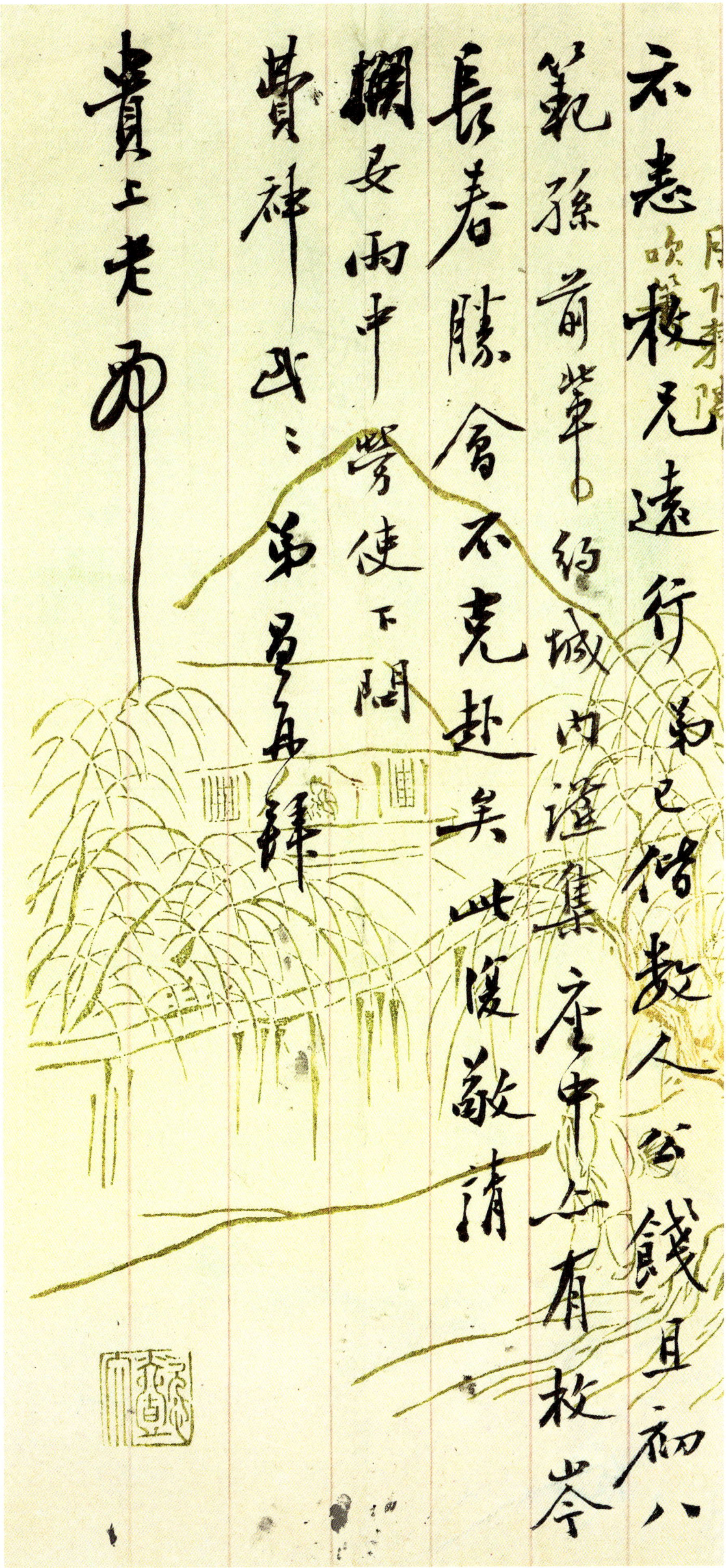
示悉。极兄远行，弟已借数人公钱，且初八
範孫前輩約城內逢集，座中今有枚岑
長春。勝會不克赴矣。此復，敬請
台安。雨中勞使下問，
費神。弟易再拜
貴上老爺

## 鄭文焯致成多禄書札

澹堪先生侍者：

别來五見蟾圓，一通鶴語，江海相望，彦咏如何？時從府主左右探聞動定，久遲不至，彌結寤思。比想北疫解嚴，南旌待發，停雲延佇，八表同昏。鄰疆之灾，城無遺宇，天熸東土，窮黎何辜！誦韓公《陸渾山火》之詩，爲之神悸已走。厭世既久，頹放靡歸，盱衡三十年來經世之志，中於憂患，稽古之詣，奪於饑寒，未壯漂零，及衰連蹇，生事日蹙，溘然無時，苟失我皋廡，將并此一舂，亦無術以自托，吁可悲也。

史遷嘗嘆賢者治生，不危身以取給，自愧無岩處奇士之行，又義不苟合，久孤於世，履道而違貞吉，豈若卑論儕俗與世沉浮而取榮名邪？以知愛甚篤，聊復叙懷，附寫上近製小詞一解，勞者易歌，兼以寄憶，倘荷翟然發藥，良晤匪遐，益所深企。山谷謂百書不如一見，言嘆不足，托之咏摇。

敬承起居，并聞還驛。

四月十四日，鄭文焯頓白。

鈐印：老芝無恙（白）

**鄭文焯**（一八五六—一九一八），字俊臣，號叔問，山東高密人。光緒元年（一八七五）舉人。官内閣中書。精通音律，兼擅書畫、金石、醫學。以詞人著稱于世，著有《大鶴山房全集》。

澹堪先生侍者別來又見蟾圓一通鶴語江
海相望參詠如何時從府主左右探聞
動定以遲遲不至彌結寤思比想北疫解嚴
南旋詩教傳雲遥佇八表同昏鄰壘之災城
無遺字天牖衷士窮黎何辜誦韓公陸渾山
火之詩為之神悸已是厭世既又頹放靡歸

昕衡三十年來經世之志中於憂患稽古之詣奪於飢寒未壯濡蕭及衰連蹇坐事日蹙慮然無時苟失我皋廡將拜此一春尔無術以自託吁可悲也史遷嘗歎賢者治生不急身以取給自媿無巖壑肅寄士之行又義不苟合又孤於世假道而違貧吉差君畢論儕偕与世沉浮而取榮

君邪以
知愛甚篤輒復叙懷坿寫上近製小詞一解勞者易
歌惠以寄憶佩荷
望然叢樂良晤匪遐益所深企山谷謂百書不如
一見言款不足託之詠捺敬承
起居江湖還驛
四月十四日鄭文焯頓白

## 楊鋭致梁鼎蕃書札

晨間手教敬悉，電報當即交學生發去，明日或有回音。鎮江信似無妨，稍候一二日再發不遲。《古泉匯》上海有其書，然太貴。其所列泉品雖多，考據尚不及初氏《吉金所見録》之詳，不如購初書爲愈也。

手復，敬上衍若老弟左右。

鋭頓首。

累信稱先生，惶悚，千萬不可如此，幸勿再施，至禱至叩。

楊鋭（一八五七—一八九八），字叔嶠，四川綿竹人。光緒十一年（一八八五）舉人，官内閣中書。受陳寶箴推薦，得光緒皇帝召見，賞四品卿銜。發起成立强學會，加入保國會，參加戊戌變法，爲『戊戌六君子』之一。

晨間
手教敬悉電報當即交學生發去明日或有回音
鎮江信似無妨稍緩一二日再發不遲古泉匯上海有
其書價太貴其所列泉品雖多攷據當不及初氏吉
金所見錄之詳不如購初書為算也手復敬上
衍若老弟左右 銳頓

累信稱先生惶悚千萬不可如此
幸勿再施至禱 玉印

竹友梅館

# 康有爲致康有九書札

自墨還紐，驚聞偉哥二叔溘逝，痛割肝腑。數十年同學同游，于骨肉宗親中尤爲親昵。叔才學深博，澹不仕宦，超然自足，有古人之風。尤能文，著書足自豪以睥睨一世。惜以患難相波及而無以益于叔也，又不能親助喪事，永日爲歉，祇爲佳傳以傳之而已。著書幾何，可告我，俾傳之。

弟至孝，想必哀毁，幸遇侍疾，免終天之憾，喪事窀穸想妥辦。弟承先中丞公之重，門祚所關，此後當發憤自立，繼志述事，以爲大孝，以亢宗顯親，是吾所望。命家人具祭儀拾元，可收爲吾致哀思焉。此唁有九弟孝履。

兄爲泣頓顙，六月十五日。

**康有爲**（一八五八—一九二七），字廣厦，號更生，廣東南海人。光緒二十一年（一八九五）進士。得知《馬關條約》簽訂，聯合一千三百多名舉人上萬言書，即『公車上書』。戊戌變法領袖。

自呈送使駕閣
侍御二妹德逝痛割肝腑數千年
因學問遊於背因宗教中尤為欽羨
妹才學深博淡不仕宦超然自足
有古人之風尤能文著有多篇日稿
以解脫一世惜以患難相繼及而亡
以益於妹也又廣觀妙喜乃承

日為歌只為佳佳以侍之而已著出盛
公之生我俾侍之未忍孝想西老收
者還侍疾竟終天之憾哀之寃窮
想無分弟孫
出中亟之重門孫所關然後當由
旅情自之能志述乃以為大者

以光宗顯親是吾所望命家人其
祭儀撿兄可收而無設辰思為禁
有九弟孝履　兄藩泣拜歎
七月十四日

# 李盛鐸致張建勛書札

昨暮詣譚不值，深悵。頃手示具悉，壽序藁（稿）附呈，祈細核一過，再書尤妙。崑師處演劇係十五日起，丁丑送戲，係十六日拜壽，即於十六日去亦可。戲分聞已減作六舍，便中即可送韻濤前輩處轉交可也，壽文後年月一行是否平格寫，抑須抬寫（前在崑宅見有上用『龍飛』二字抬寫者）？請酌之。弟前囑畫格者却是平寫。

又汪柳門師爲其太夫子十周忌在長椿寺諷經，弟因係鄉試座師，備有公祭。尊處亦不必定應酬也。

此請季端仁兄同年大人開安。

弟盛鐸頓首，十二日。

**李盛鐸**（一八五九—一九三四），字義樵，號木齋，江西德化人。近代藏書家。光緒十五年（一八八九）榜眼。官至陝西巡撫。民國時期，曾任參政院議長、國政商榷會會長等職。與傅增湘等并稱『近代四大藏書家』。

非書語譚不值深悵耶

壽卿先生壽序篆楷呈祈

細核一過再書尤妙。崑師處演劇係十五日，起丁丑送戲係六日拜

壽節於十八日去上手戲，公閑已減作六簽，便弟即可送韻濤前輩

處轉告可也。壽文後年月一行是否平抬寫，抑頂抬寫，請（前在崑宅見君上用謙犯二字抬寫也）

酌之。來書囑無抬，都是平寫。文汪柳門師為其太夫人十週忌在

長椿寺諷經，弟因係鄉試座師，備分不須。弟處亦必應酬也，此請

芷錄仁兄同年大人閣安　弟盛鐸頓首

十二日

# 袁世凱致陳學棻書札

桂生仁兄大人足下：

家兄湖北交代尚未清結。頃接江督電及曾道文，催派友司赴鄂甚急。擬請執事偏勞一行，祈迅即來鄴商定辦法，即由此赴鄂。不盡之言，統俟面罄。

此請台安。

弟凱頓首，十一月初六日。

文電附上。

**袁世凱**（一八五九—一九一六），字慰廷，河南項城人。晚清時，官至軍機大臣兼外務部尚書。民國二年（一九一三），當選首任中華民國大總統。民國四年（一九一五），宣布稱帝，建元洪憲。引發護國運動，取消帝制。

桂生仁兄大人足下：家兄湖北交代尚未清結，須接江督電及曾道文，催派友司赴鄂甚急，擬請執事偏勞一行，祈迅即來鄂商定辦法，即由此赴鄂。不盡之言，統俟面罄。此請台安。

弟凱頓

十一月初六日

文電附上

# 汪康年致王舟瑶書札

玫伯吾兄同年大人閣下：

前奉大訃，驚悉年伯母大人奄弃塵寰，竟歸天上，吾兄星馳旋里，將營窀穸。時弟居申，將謀北上，未及走函慰唁，悚歉奚如。

吾兄純孝性成，自必逾恒哀慟，惟念年伯母大人行爲女宗、言爲閨範，懿淑之名，久傳遠近，今兹順化歸真，在吾兄已無遺憾，况筮宅物土，爲事孔繁，尚祈節哀順變，勉襄大事。辱附愛末，實所盼願。

弟於九月杪自申啓行，至鄂小作勾留，於十月杪至京，日内仍移梅竹胡同舊居。川塗遥隔，不克親詣吊奠，謹寄奉薄奠一分，敢希察入。

弟十月下旬抵京，近以爲遠東通信社（鄂人王侃叔在北京創辦）之北京通信人，聊作消遣時日計，蓋非仕而隱也。天寒身弱，終日閉户，唯出門時不多，故人罕得相見。大公近來京，均須到署，欲見之非早晚不可，而其時弟又不能出，故疏闊如此。幸相近識者亦有十餘處，不致大寂寞耳。

兄何日仍返粵，望見示。浙中近事及各社會情態亦望撥冗示及。

專肅，敬請素安。

年小弟汪康年頓首，十二月廿六日。

**汪康年**（一八六〇—一九一一），字穰卿，號毅伯，浙江錢塘人。近代報人、政論家。光緒十八年（一八九二）進士，官内閣中書。甲午戰争後，在滬入强學會，力贊變法圖强。創辦《時務報》《中外日報》等。

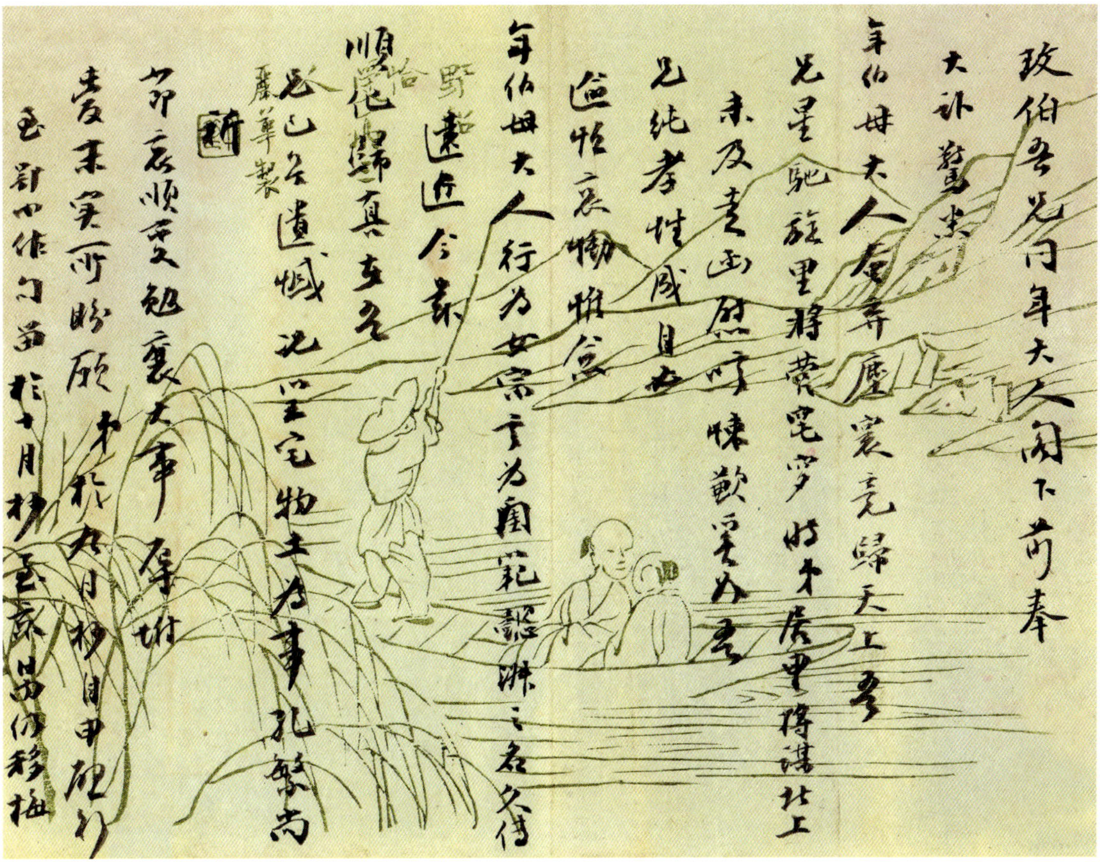

致伯吾兄同年大人閣下前奉
大訃驚悉
年伯母大人春壽厘宸竟歸天上多
兄星馳旋里時吾居東時諶北上
未及走函慰唁悚歉無已吾
兄純孝性成自必
過於哀慟惟念
年伯母大人行為女宗言為閨範懿徽之名久傳
遐邇今我
順德歸真去之
兄已承遺誡已空宅物土為事孔繁尚
節哀順變勉襄大事厚時
壽來實所盼禱 本於九月初旬由館旋
至對此作門弟於十月初至京由此移樞

野鄉
恰
麗華製
新

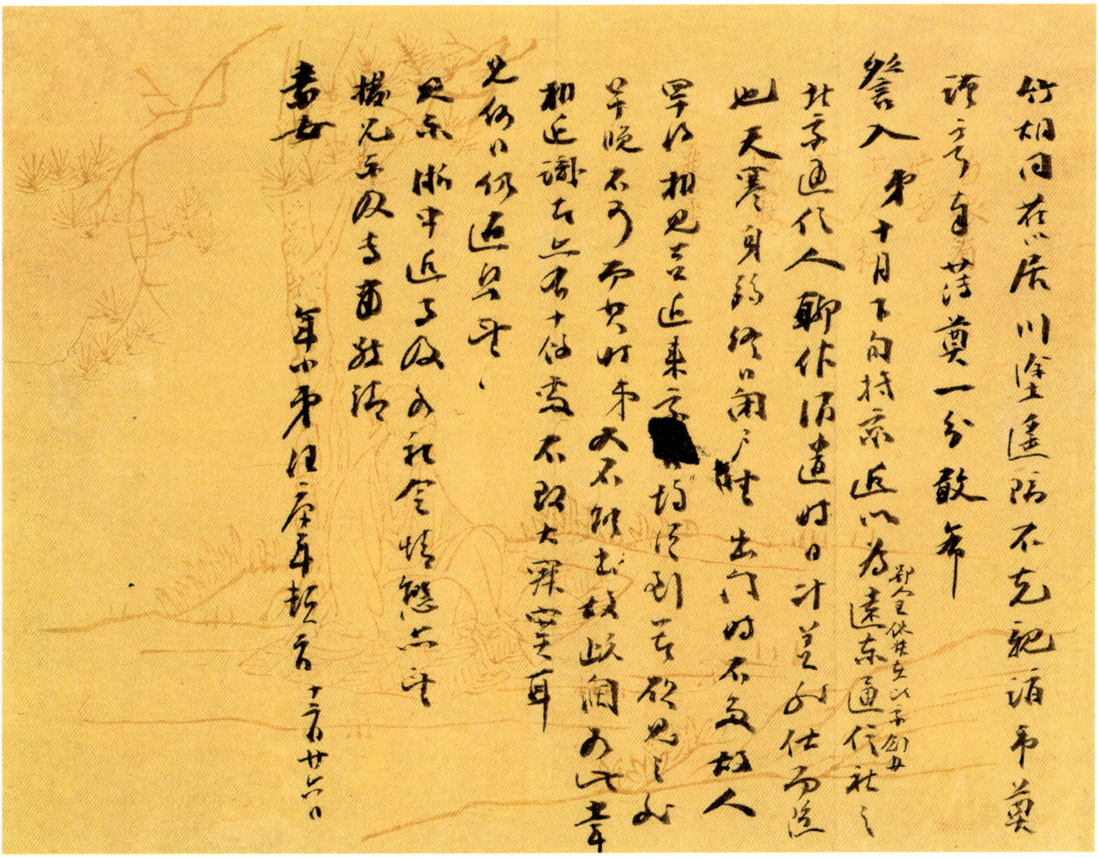

竹姻同在川居川壁遙隔不克親詣弔奠
謹奉上薄奠一分敬希
察入 弟十月下旬赴京近以為遠東道代祉之
北京道代人聊作得意時日將莫知仕而遣
也天寒身弱終日閉門雖出門而不多於人
罕見相見者近來[illegible]均得到再欲見之必
年晚不可而兄此來又不能出故此間之今年
相近識者無出於十位也不能大家室耳
兄何以仍直出乎
然亦斷中道了又可念也
揚兄未及去函請
無安
年小弟頓首 十二月廿六日

## 齊白石致胡鄂公詩札

人正眠時不必啼，錦衾羅帳正雙栖。佳禽最好終緘口，啼得人醒日己酉（京師富貴人家寅、卯時始睡，未申時方醒）。

此題畫鷄詩。南湖仁弟論定。

兄璜呈草。

鈐印：木居士（白）

**齊白石**（一八六三—一九五七），名璜，字萍生，號白石，湖南湘潭人。近現代書畫篆刻家。曾任全國美術家協會主席。一九五六年，世界和平理事會授予其國際和平獎。

人正眠时不必啼锦衾罗帐正双栖佳偶晨鸡终缄口啼得人醒日已西

京师富贵人家寅卯时始睡未申时方醒 此题画雏诗

南湖仁弟论之 兄璜呈草

## 葉德輝致孫毓修書札

星如吾兄道契左右：

前月覆函後，菊翁來函，并印出《説文》宋本，樣紙精美古樸，可入《續古佚叢編》。此時《四部叢刊》排出多少？前索成化本《脉經》，不知付印否（容遲寄上，此時未檢出）？曾記執事云已有善本，何以又需此耶？

接傳元叔書，知來蘇不久又北行，莫楚翁亦時通訊。舍侄收得元人小集五六種，均秀野草堂藏書，殆選元詩時底本耳。然無大集，多者至五六卷，少者一本一卷，似無可取。

此頌撰安。

弟德輝頓首，舊曆庚申三月初五日。

**葉德輝**（一八六四—一九二七），字直山，號郎園，湖南湘潭人。近代學者、藏書家。光緒十八年（一八九二）進士。官吏部主事。民國時期，曾任湖南教育會會長。藏書二十余萬册。卒後，書多數流失日本。

星如吾兄道契左右：前月西渡出後，菊翁書來，知所印出《說文》宋本樣紙精美古樸，可入《續古佚叢編》。此時《四部叢刊》排出多少？前寄成化本《脈經》不知付印否？（容庵寄上，此時未檢出）曾記執事云已有善本，何必又需此耶？接傅元叔書，知來蘇不久又北行。莫楚翁亦時通訊，舍姪收得元人小集五六種，均秀野草堂藏書，係選元詩時底本，其豈無大集，多者五六卷，少者一本一卷，然無可取。此頌撰安。

弟德輝拜啟

舊曆庚申三月初五日

集漢楊統碑字葉氏嘉德堂造箋

# 黄賓虹致汪慎生書札

慎生先生文席：

日前奉誦手教并荷委作拙筆書畫，且慚且感。

近以賓朋紛集，於酬答忙冗中草草搦管，字不成字，畫不成畫。大雅睹此，諒可噴飯。不獲辭命，謹此率寄，容有合作，再圖付郵。

附致蕭壽田君印拓并廠肆晋秀齋經理扇面，祈爲飭遞，瀆冒勿責。

專此，祗候道綏。

黄賓虹頓首，十月十五日。

**黄賓虹**（一八六五—一九五五），字樸存，别署予向，浙江金華人。近現代書畫家。民國時期，曾任中國藝術專科學校校長。中華人民共和國成立後，曾擔任中央美術學院民族美術研究所所長。

慎生先生文席日前奉誦

手教并荷

委作拙筆書益丑慚且感近以

賓朋紛集於酬答忙冗中艸艸

擱管字不成字畫不成畫

大雅觀此諒可噴飯不獲辭

石芝閣種樓製

命謹此寄審有合作每
圖付郵坿致蕭壽田君
所拓并殿肆晉秀色經理
扇面祈為
飭速濱官勿責專此祗候
道綏　黃賓虹
十月十五日

## 唐文治致瞿啓甲書札

良士仁兄大人閣下：

久聞敝同鄉李君頌韓譚及古李村旁有隱君子嘯傲咏歌於其間，讀書萬卷，不求聞達，鄰里待以舉火者數十家，淵睦任恤，古道可欽，非他人，即足下是也。弟聞而心大敬异之。今歲貴縣水灾極重，又聞友人述君家振濟貧民不遺餘力，益信頌韓所稱譽之不虚。弟前以各處兵荒之下，饑民現狀可憐，行將轉死溝壑，曾開具大略情形，請上海華洋義賑會設法振救。刻得復函，囑詳開辦法送去，當托頌韓往貴縣調查，便道過訪足下，并希指示良謨，俾得遵行，不勝引盼。貴縣民政長丁芝孫君處已請頌韓接洽，如蒙足下贊成，出爲襄助，尤深感禱。專布，祇請道安。

弟唐文治頓首，舊曆正月七日。

**唐文治**（一八六五—一九五四），字穎侯，號蔚芝，江蘇太倉人。近現代教育家、工學先驅。光緒十八年（一八九二）進士。官至農工商部侍郎署理尚書。民國九年（一九二〇），任無錫國學專修館館長。著有《茹經堂文集》等。

良士仁兄大人閣下久聞敝同鄉李君欣韓儒
及古李村旁有隱君子肅傲詠歌於其間讀
書萬卷不求聞達鄰里待以舉火者數十家肅睦
任恤古道可欽非他人即
足下是也弟聞而心大敬異之今歲貴縣水災極
重又聞友人述
君家振濟貧民不遺餘力益信欣韓所稱譽之
不虛弟前以各處兵荒之下饑民現狀可憐

行將轉呈溝壑留開具大略情形請上海華
洋義賑會設法振救刻仍復函囑詳開辦法
送去茲托欧韓往貴縣調查便道過訪
足下並希
指示良謨俾得遵行不勝引盼貴縣民政長丁
芝孫君處已請欧韓接洽如蒙
足下贊成出為襄助尤深感禱專布祇頌
道安
弟唐文治頓首 舊曆正月七日

陳一鶴製

# 羅振玉致徐乃昌書札

積餘先生惠鑒：

奉示敬悉。暑中維動止咸宜，至以爲念。

承賜鏡拓，至謝至謝。《常妃志》一本寄奉，到祈惠存。商戈曰兄厶曰父厶者，弟與議價已定，而原件仍未寄到，大約下月或可至，至即拓奉不誤。弟甚畏拓墨，然先生所索，不敢憚氈墨之勞也，祈放懷爲荷。

專此奉復，即頌暑安。

弟振玉再拜，十三夕。

中州近又出元氏之志（當是新鄉、磁州間出土），公已見否？又及。

**羅振玉**（一八六六—一九四〇），字式如，號雪堂，江蘇淮安人。近代農學家、教育家、古文字學家、金石學家、考古學家、敦煌學家。一生著作達一百八十九種，校刊書籍六百四十二種。

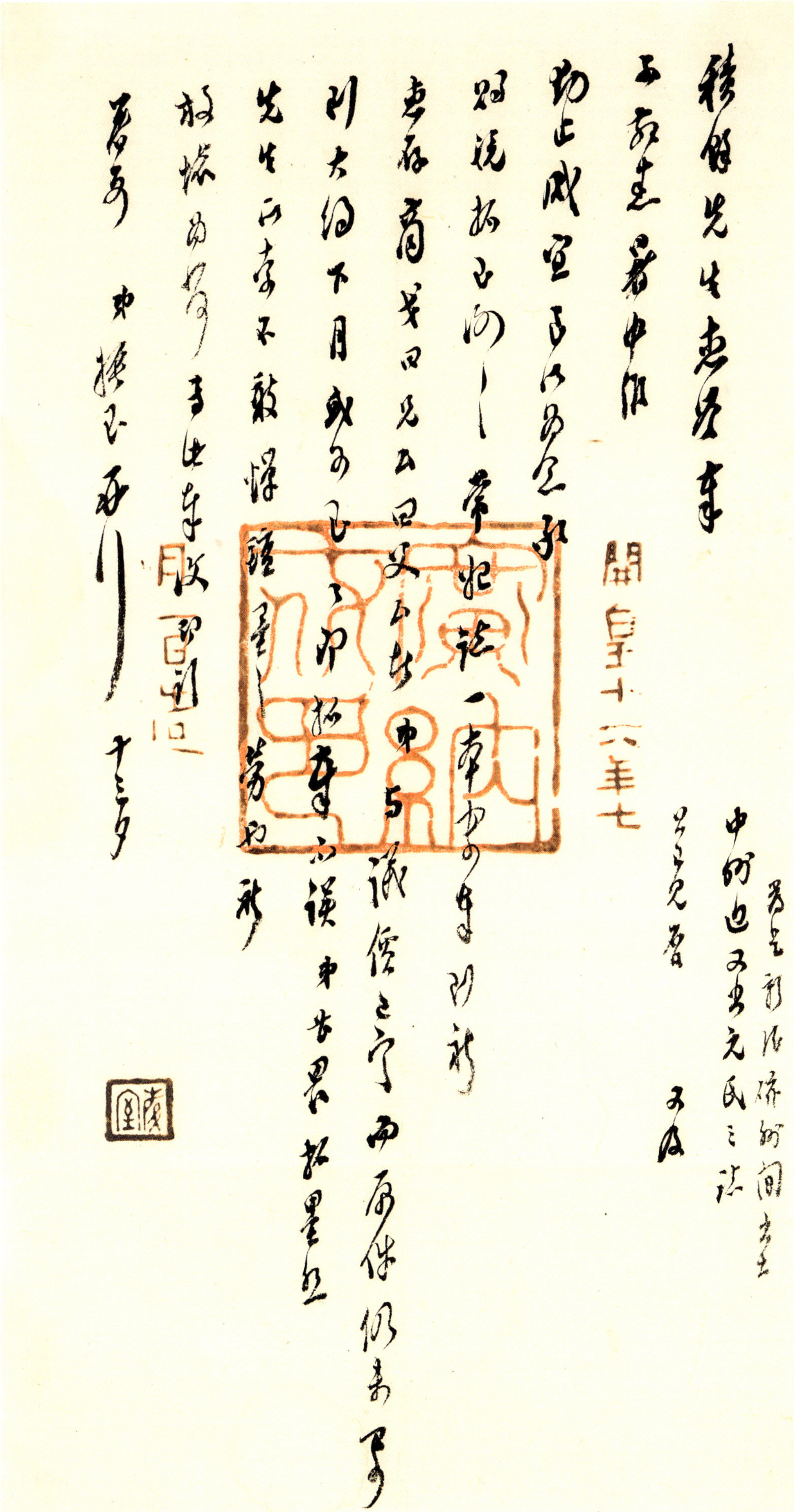

# 蔡元培致孫壯書札

伯恒先生大鑒：

奉柬并承面約在美益晚餐，甚願趨陪，惜今晚本校音樂會於七時開會，弟必須早到。心領盛情，謝謝。附奉該會參觀券五紙，如承偕貴友惠臨，甚所歡迎。專此，敬請台安。

弟蔡元培敬啓，十一月十一日。

**蔡元培**（一八六七—一九四〇），字孑民，號鶴青，浙江紹興人。近代革命家、教育家。光緒十八年（一八九二）進士。民國時期，曾任南京臨時政府教育總長、北京大學校長、中法大學校長、中央研究院院長。

伯恒先生大鉴：奉

柬并承

面约在美益晚餐，甚感趣。惜今晚本校音乐会

在七时开会，弟必须早到，心领

盛情，谢谢。附奉该会入场券五张，如承

偕贵友惠临，甚所欢迎。专此，敬请

台安

弟 蒋廷黻 敬启 十一月十一日

# 李瑞清致筱崎都香佐書札

筱崎先生閣下：

舍弟自震澤來，仍有名畫數件，乞明日（即初一）乘興來賞鑒之。尊藏沈石田册子及王鐸綾本字條望携來，舍弟欲一觀也。又胞侄李傑，號志鵬，欲到貴國留學千葉醫學堂，欲求先生紹介書一紙，感且不朽。舍侄在中國德國醫學普通畢業，到貴國尚須豫備語言也。

秋晴珍衛。

清道人頓首，八月卅日。

**信封**：外銀書并呈筱崎先生台啓。

**李瑞清**（一八六七—一九二〇），字仲麟，號清道人，江西臨川人。近代教育家、書畫家、鑒賞家。光緒二十一年（一八九五）進士。曾任兩江優級師範學堂監督、江寧布政使。

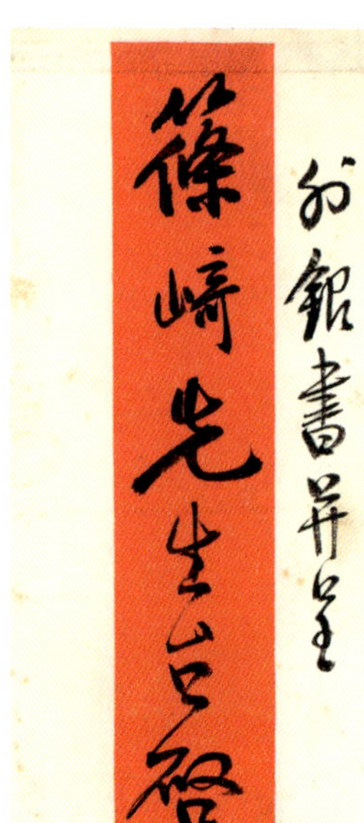

篠崎先生閣下　令弟

自震澤來仍有

君留数件乞賜書印拓

乘興來

上海九華堂寶記製牋

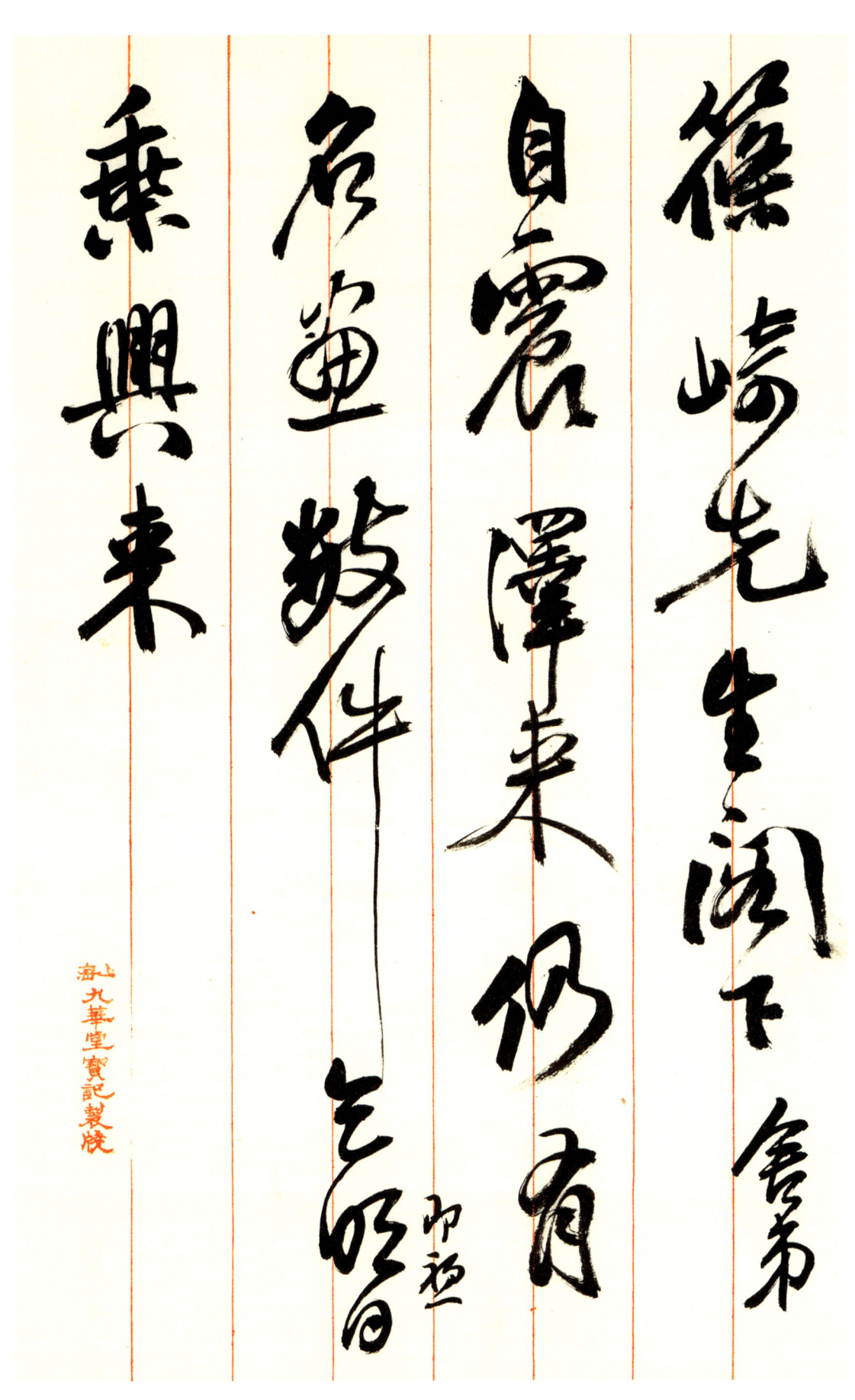

賞鑒之
篇藏沈石田冊子及
王鐸績而字條
中攜來矣 舍弟頌一

上海九華堂寶記製牋

觀也于胞兄李傑
號志鵬欲到
貴國留學千葉
醫學堂欲求

上海九華堂寶記製箋

先生紹介書一篇

我且不行居然在中

國德國醫學普

通畢業列

山海九華堂寶記製牋

貴國書經翻譯備詳
言也秋晴
珍衛 清道人頓首
八月廿日

上海九華堂寶記製箋

# 林森書札

委利賀國民黨分部諸位同志公鑒：

接讀回音，慰知慨允捐助三百元建陵之費，不勝感感。唯望早日將款匯下，以便選石勒名，共垂千古。烈士功業不朽，貴分部名譽亦長留萬世也。學生擊賊，上海罷市，提倡不納租税，各省抵制日貨極盛。廿一條密約，弟連電巴黎代表，死不簽字！

知念附聞，此復，并候精神。

弟林森上，六月十六日。

鈐印：林森之印（朱）

**林森**（一八六八——一九四三），字子超，號長仁，福建福州人。早年加入同盟會。辛亥革命後，曾任南京臨時政府參議院議長。民國二十年（一九三一），任國民政府主席。

The Secretariate of the Senate

NATIONAL ASSEMBLY OF THE REPUBLIC OF CHINA

Canton, ________ 19

奎利賀國民黨分部諸位同志公鑒：

接讀回音，備知慨允捐助叁百元建墳之費，不勝感激，情當早日將芳名擬下，以便選石勒名，共垂千古。烈士功業不朽，貴分部名譽亦長留萬世矣。學生擊賊上海，罷市提倡不納租稅，各省抵制日貨極盛，廿一條密約勇連電巴黎代表死不簽字，亦念附函。此復，并候

精神

弟 林森上

六月廿八日

# 章太炎致岑春煊書札

雲階先生左右：

不見幾三月，想安隱。此次浙中水灾延遍五十餘縣。東以紹興爲重，西則餘杭當衝，杼軸已盡，當事者無法救濟。鄙人祈爲一縣籌賑，不敢及他，附啓一件，唯設法矜救爲幸。

此頌起居康勝。

章炳麟頓首，九月廿日。

**章太炎**（一八六九—一九三六），名炳麟，字太炎，浙江餘杭人。近代民主革命家、思想家。早年從俞樾受經史之學，後加入同盟會，從事反清革命。民國初年，逐漸退出政界，以講學爲主，宣傳國學。

雲階先生左右：不見幾三月，想安
隱。此次浙中水災，遍五十餘縣，東
以紹興爲重，西以餘杭、嚴、衢、桐
廬已來嚴事者，莫過救濟。鄙人
所內一切籌賑不敢及，代附啟一件，
惟設法於報紙爲登此啟，並候康
勝。
章炳麟頓首 四月廿日

## 熊希齡致胡適書札

適之先生閣下：

昨虚邀爲歉，尊恙痊否？念念。曉莊停辦，改辦北平幼稚師範，轉移經費一節，已函文化基金委員。金開費時，尚乞鼎力玉成，并轉托各委員外研究參考之方法兩三次，未知能否有暇？乞復示爲荷。

專肅，敬頌台安。

弟熊希齡頓首，七月六日。

**熊希齡**（一八七〇—一九三七），字秉三，號雙清居士，湖南湘西人。近代革命家、教育家、慈善家。光緒二十年（一八九四）進士。民國時期，任北洋政府國務總理。曾組建世界紅十字會，創辦香山慈幼院。

適之先生閣下：昨晤岫廬述君敬

尊意拳拳為念念。曉莊停辦

陶翁所辦幼稚師範學校經

費一節，已商文化基金會委員

會同意助為乞

鼎力玉成，并轉託各委員外

研究参考之方法　两三次未知

能否有暇也

请示为荷　专肃敬颂

台安

弟□□

七月廿日

# 褚德彝致劉世珩書札

蔥石先生台座：

昨奉手諭，謹聆，漢龍佩遵即寫呈，請即鑒定。惟記得玉之刻龍文者，古人即爲之瓏（見《說文》），仿佛是禱雨（是周物）所用，最好將愙齋《古玉圖》一查，故特寫簽題兩種，請即酌用。石屏跋稿臨行已交郭紀，想經手寫矣。

彝近日炸腮，仍未全好，胃肝每日必發一二次，手足即要發冷，頗爲苦累，將前年吃過舊方數劑，略效，擬多服，方可見功。日日服藥，此間作客則無忌，他處萬不便，故今年決計不進京度歲。新年殘軀大好，初四五即入京賀公新喜，并可觀忽雷盛集也。《汴石經記》俟日内寫畢即呈。

肅復，即叩台禧。

制德彝頓首，廿五日。

入京車資蒙公允爲正開銷，盛荷奚似。

**褚德彝**（一八七一—一九四二），字松窗，號禮堂，浙江餘杭人。近代金石學家。精金石考據，嗜古博物。尤精篆刻，初師浙派，後潛研秦漢璽印。工畫，亦能寫梅。

蕙石先生台席昨奉
手諭謹聆玲瓏龍佩遵即寫呈
請即
鑒定惟記得玉之刻龍文者古人印
為之瓏（見說文）仿佛是禱雨（見周禮）所用宜好特
寄齋古玉圖一查故特寫奉題兩種
請印
酌用石屏跋稿照行已交郵紀想經
手寫矣弟近日炸腮仍未全好胃肝

每日必發一二次多是即要發冷頗為苦累將前年吃過舊方數劑略加修改服方可見功日日服藥此間作客則無他處萬不便故今年決計不進京度歲新年

代躬大好初四五即入京賀

以新喜并可親見當感集也行石侯記諸日內可畢即交肅俊即可

台祺

制德彝頓首

廿五日

入京車資當蒙

公允為正開銷感荷無似

# 張伯英致張允慈書札

允侄覽：

去歲我許與鄭三爺坦之帶扒山虎若干棵，後因無便，且已過時，迄未能寄。今托路局帶交三堡劉站長請其代收，計二十棵，共裝一大蒲包。務往告碉泉，於收到時即行知照，取送户部山鄭宅，切勿延擱，恐爲日過久便栽不活矣。

又，托路局帶時係寫兩處，或交劉轉，或徑送鄭，不知其如何辦。汝二伯行否？家中想皆平安。

二月廿二日，勺書。

**張伯英**（一八七一—一九四九），字勺圃，號東涯老人，江蘇銅山人。近代金石碑帖學家、書法家。光緒二十八年（一九〇二）舉人。民國時期，曾任北洋政府副秘書長。啓功從其學。

允炫覽：去歲我許与鄭三爺坦之弟扒山中茶千棵，後因無便且已過時，迄未能寄。今托路局帶交三堡劉站長，請其代收，計二十棵，共裝一大蒲包，務往告硐泉於收到時即行知照，取送广部山鄭宅，切勿延擱，恐為日過久便栽不活矣。又托路局帶時係寫兩處，或交劉轉，或逕送鄭，不知其如何辦。汝二伯行否？家中想皆平安。

月廿二日 勻書

## 傅增湘致錢稻孫書札

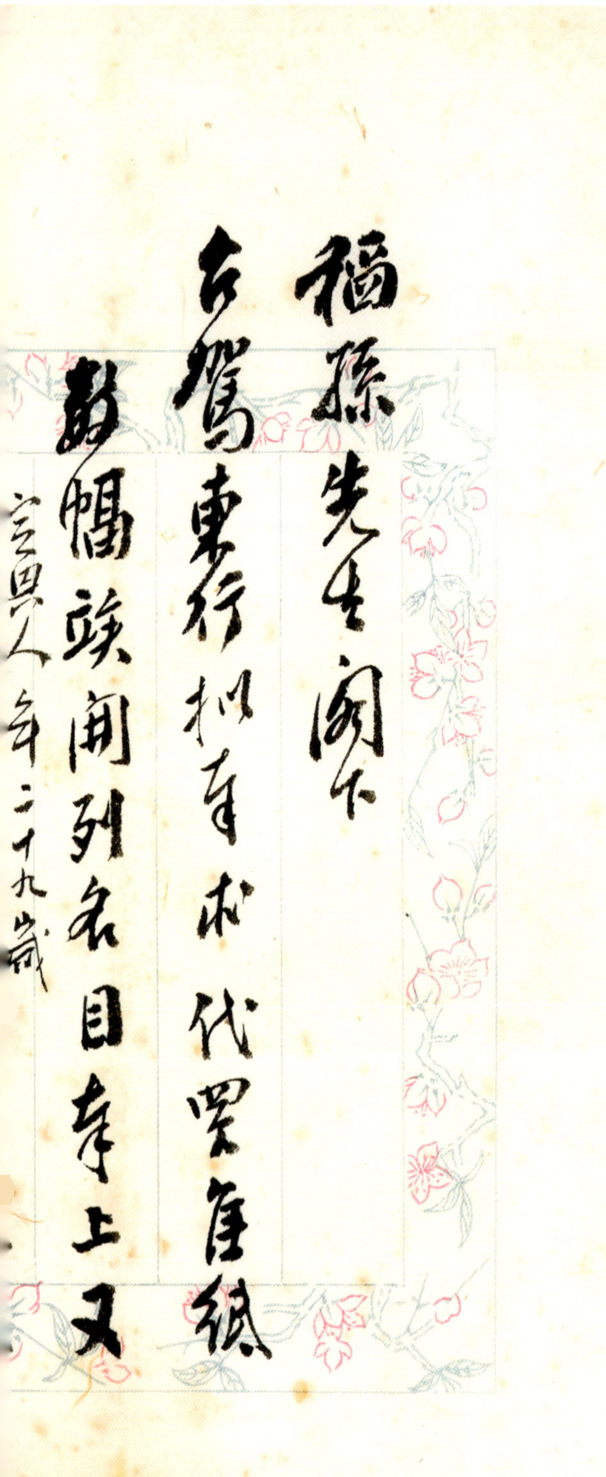

稻孫先生閣下：

台駕東行，擬奉求代買佳紙數幅，俟開列名目奉上。又有女生郭昭文（定興人，年二十九歲）爲友人世五之女，曾畢業於師大研究院，亦留學日本，文學甚好（講小學，亦能詩），頗有撰述。不知圖書館中有可位置否？渠欲在文化會中覓事，弟知本會情形，已却之矣。行否？乞示數行，以便復之。

手此，即候撰安。

弟增湘拜啓，廿一日。

東游固所願，但嗜好未脱，精力殊短，不堪勞頓，祇可心嚮往之矣。

**傅增湘**（一八七二—一九四九），字叔和，號薑庵，四川江安人。近代教育家、藏書家、版本目録學家。光緒二十四年（一八九八）進士。民國時期，曾任北洋政府教育總長、故宫博物院圖書館館長。

小女曾畢業於浙大研究院
亦留學日本文學甚好歷有（讀小學亦能詩）
撰述不知圖書館中有可位
置否渠欲於文化會中覓
事弟知本會情形近却之矣
行若之
示教行以便復之余近卧候
撰安　弟增湘頓首　卅日
東府圖所藏但嗜好未販精力殊短
不堪爲報積所以獨任之矣

# 梁啓超致王紹賢書札

紹賢九兄大鑒：

昨譚甚快。前所借植垣款，彼竟將手形交還而不催促，益令我難爲情，不得不急設法還之。而弟所著書能早一日出版，則弟早得一日之益，是以前日所籌得千元，以一半留備代肇祥填債，以一半即寄東京，爲印刷所下定，所以急取此款者，皆以此也。然弟此書若印一千部，則每部成本須二円七十錢；若印三千部，則每部成本一円八十錢已足，其所差實巨。此書各省諮議局、法政學堂及一切官吏皆所必需，實可消至三千部以外（每部定價八元）。

今弟因資本不充，僅能印一千，吃虧甚矣。然弟目前所以如此之窘者，一則因爲援助肇祥之故。此事始末吾兄一切知悉，無俟喋陳；一則因爲与之所耽閣，蓋去款已久交到与之手，特未到耳。今將与之來信一閱便知其詳。以此兩原因致弟此書僅能印一千，每部受九十錢之損失。一千銷完，再印一千，其損失亦如之。則三千將受二千七百元之損失，實爲不值。且植垣處已兩次延期，至今僅能還其半，實屬慚赧，故弟意欲設法能籌得二千元，三個月期，以千元還植垣，以千元交印刷所（合前此五百元，共千五百元），則可與約印三千部。屆時以預約券所得之款出書，自能放膽。今他處頗艱於設法，聞申培翁已返神戶，意欲乞公先容取二千元手形，以三個月爲期，未知能否？弟自顧名譽，此款必不至荒唐。培翁想能信之。且弟并非無款，不過爲肇兄所暫時移去。若肇兄麵粉事業有著，其款（總數三千）即可還我，而去款雖一時耽閣，總之不久必到。至此書一出後，則萬餘金之利益定在意中。此皆吾兄所確知者。所苦者特在目前耳。

請兄以此意轉達培翁，務乞玉成之。俾弟既還植款，得以心無挂累，從事學業，則銘感無既矣。如何之處，乞即與培翁商定，速示一音（小使適不在，今即遣觀察一行）。若妥，則明日午前當遣觀察持手形來親領也。

專此，即請大安。培翁前即希致候。

弟啓超頓首。

**信封**：長崎中華領事館王紹賢殿。書留神戶西嶠廬。

**梁啓超**（一八七三—一九二九），字卓如，號任公，廣東新會人。近代思想家、文學家、教育家，維新派、新法家代表人物。光緒十五年（一八八九）舉人。與康有爲發動『公車上書』，倡導新文化運動，支持五四運動。著有《飲冰室合集》。

紹賢九兄大鑒：昨譚甚快。前所借植垣
款，彼竟將手形交還而不催促，益令我難
為情，不得不急設法還之，而今所著書能早
一日出版，則早得一日之益。是以前日所寫得
千元，以一半留備代舉債，以一半印
費。前東京有印刷所可定，所以急欲得此款者，
皆以此也。然今此書若印一千部，則只每部成本須二

飲冰室啓事牋

円七十錢若印三千部則每部成本一円八十錢已足其所差實鉅此書各省諮議局法政學堂及一切官吏皆所必需實可銷已三千部以外（每部實需八元）今第因資本不充僅能印一千吃虧甚矣然今日前所以如此之窘者實（一則）因為援助華僑人款一則此事始末至兄一切皆悉矣俟牒陳一則因為与之而耽

飲冰室啓事牋

阅苍去报已久知到与之手特来函干
令弟与之求借一阅便出其详以此两书因
该部此书便能印一千每部受九十钱之损
失一千锦定再印一千其损失亦如之则三
千部受二千七百元之损失实为不值且植
垣实已两次延期至今仅能送其半实属
无赖故也亦拟设法能筹印二千元之简目

饮冰室启事笺

期以千元遞植垣以千元交印刷所（合前次五百元共千五百元）則可與約印

三千部，屆時以預約券所得之款出書，自能放

賬。今他處欲銀根設法開，申培爾已返神

戶，三之外已。

若先容取二千元手形，以三箇月為期，來書

能否即自願名譽，此款必不至若虎唐培爾

想能待之，且即並非長款，不過為籌足所

飲冰室啓事牋

信札二十

暫時務去若 輩兄趣將事業有著之款即可送我西吉款能何時取閱總之不久必到 至此事了後則萬絲布之利益定甚志中此皆矣兄所稱高君所著者特妄自前耳讀兄以此書轉送 搭商務也 至滬之僻守現送植款以心無罣累從事學業

飲冰室啓事牋

則錄此與之決矣如何之處乞示與

振翁商令速來一言（若遣來衍告候）若要則明日午

（小使適不在今即遣親家一）

前當遣親家持手形來親領也

奉此即請

大安

弟啓超手

振翁前即希致候

飲冰室啓事箋

# 黃興致張承槱書札

頃以事他出，不及待。電稿甚妥，弟無他意矣。譚石屏可否用名，以其中相關者頗多，乞酌之。此電由何處拍發？如秉三已托兄主稿，則弟代拍亦可，乞示知爲幸。

又頃湘中來電（係第一軍軍長曾凤岡及其参謀長劉崑濤來電，附閲），以吴光新駐岳爲慮。弟昨得總統府及國院消息，均以湘中督軍、省長以外省人相宜爲詞，是吴駐岳誠不可不慮。請密告秉三。設法請吴退去，以便裁撤湘中餘兵（吴不退，湘中恐難驟裁，是吴之駐岳，非所以安湘，反足以累湘也。至若掩護川之退兵，則更無理由矣）。中央能示地方以誠，未有地方不以誠相應者。

又兄欲由桂回湘，似亦可不必，以兄非與岑西林之行動可比。弟意仍返滬爲宜，出處由自主之，在滬有何妨害？且旅行中於兄身體上之保衛甚不相宜也。初秋時節，尤其慎之。弟歸時，如未動身，當走送也。

此請行安。

弟興啓，八月廿二，即刻。

**黃興**（一八七四—一九一六），字克强，號競武，湖南善化人。近代民主革命家、中華民國開國元勛。與孫中山并稱爲『孫黃』。著有《黃克强先生全集》《黃興集》《黃興未刊電稿》等。

頃以事他出，不及待
電稿，甚妥，弟無他意矣。譯后府可照用
名，以其中相關者頗多，乞
酌之。此電由何處拍發，如東三已託
兄主稿，則以弟代拍亦可，乞
示知為荷。又頃湘中來電（係第一軍軍長曾鳳岡及其參謀），以吳
光新駐岳為慮（長劉岳壽來電附閱），以弟昨得漁、沅、府及國
院有真電，以湘中督軍省長以外有人
相宜為詞。是吳駐岳誠不可不慮。
誠（請）兹告東三。設法請吳退出以

粤不退湘中照难懸揣是吴之驻岳所以安湘反足以累湘也至若權設

便裁撤湘中防兵中央既示地方以

川之退兵則更無理由矣

誠。未有地方不以誠相應者。文

兄既由桂回湘似亦不必以

兄能與岑西林之行動可比弟意仍

返滬為宜出處由自主之在滬有

何妨寔且擬行中於

兄身體上之保衛尤不相宜也初秋

時節尤其慎之以弟歸時如未

動身當走以返也此請

行安 弟世凱 八月廿二日 二刻

# 沈鈞儒致阮毅成書札

毅成世兄：

承示并賜寄《律師考試條例》，曾約知友數人加以討論。第二條檢選似有免試性質，與考試同列一條之内，不甚妥，應請修改；第三條檢選資格既同免考，應從教格第三項；尤其是第四項，不贊成列入第四條；四、五、六項亦覺開放過甚，應請再加斟酌；又四、五兩條，最好與司法、行政部所擬之《律師法草案》參考後再行規定。

日内或可赴京一行，先此，布頌雙祺。

弟鈞儒頓首，一日。

清明邊須回校掃墓否？五六日内移居愚園路桃源坊五十三號。

**沈鈞儒**（一八七五—一九六三），字秉甫，號衡山，浙江嘉興人。近現代愛國民主人士。光緒三十年（一九〇四）進士，後參加辛亥革命。中華人民共和國成立後，曾任最高人民法院院長、全國人大常委會副委員長、民盟中央主席。

# 沈鈞儒律師用箋

字第　號第　頁

詡儆世兄承　示並錄寄律師考試條例草約

鈞與數人加以討論第二條檢定似有考〔較〕試性質與

考試同列一條之內不甚妥當請修改第二條檢定

資格檢定同受考試應經考核第三項尤其是第四項

不若改列入第四條四五六項亦覺寬放過甚應請

再加斟酌又四五兩條（最好與司法行政部所擬之

律師法草案并發後再行提出）日內或可赴京一

行先此佈復　道祺　請仍逕還回　校擬奉存　弟鈞儒頓首　一日

五六日內移住愚園路
桃源坊五十三號

中華民國　年　月　日

事務所白克路大通里六號　電話三一七一二號

## 林旭致梁鼎芬書札

昨造謁，值先生家忌謝客，遂反，病後第一次出門也。記去年正月過武昌，陪文宴累日，既去，輒有所作，自醜不復竟。頃追本爾時依戀意補作之，欲得是正，無所用匿焉。

節庵先生。

旭拜，八月廿五日。

**林旭**（一八七五—一八九八），字暾谷，號晚翠，福建侯官人。光緒十九年（一八九三）舉人。清末維新派人士，『戊戌六君子』之一。遺著有《晚翠軒集》。

昨造謁值
先生家忌謝客遂反病後第一次出門也記
去年正月過武昌陪丈讌累日既去輒有所
作自醜不復竟頃追本尔時依戀意補作
之欲得是正無所用遜爲
節庵先生　旭拜　八月廿五日

# 經亨頤致陳鍾琪書札

一陽我兄：

日前駕來京一晤，次日弟自訪，又着人遍尋洪武路、洪武街六十四，均不對，甚奇甚悵。

前函委托事，雖時在意中，迄未得機會，不克報命，歉歉。閒冷如弟，拙於求人，惟希見諒爲幸。

肅復，即頌潭安。

七月十八日，頤淵。

**經亨頤**（一八七七—一九三八），字子淵，號頤淵，浙江上虞人。近代教育家。光緒二十八年（一九〇二）留學日本。回國後，曾任浙江省立第一師範學校校長，春暉中學校長。國民政府常委、全國教育委員會委員長。

一函致兄
前
嘉來京一晤次日乃自行
又舊人編輯供職洪武
街六十四均不對甚奇甚悵
前函
委託之件時在念中之一末

頤淵六十紀念箋

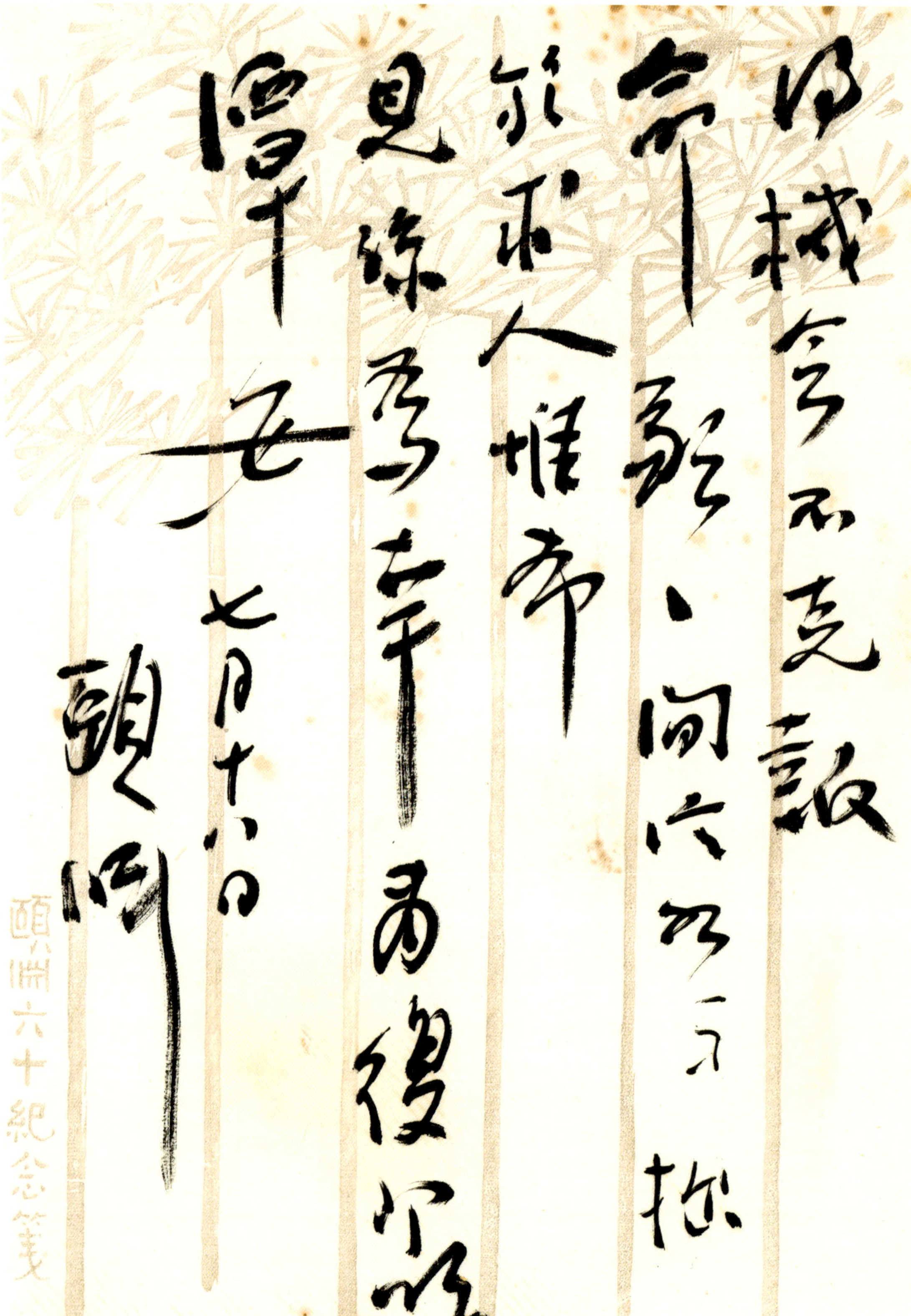

昨棧會不克詣
命，歉歉。聞六月一日擬
於兩人婚席
見餘為幸。甫復，即頌
暑安
七月十八日
頡剛

頡剛六十紀念箋

# 王國維致沈曾植書札

賜書并致雪堂函敬悉。

扇面敝處可代寄，但尊體新安，似以從緩揮毫爲是。抑安前日往視之，已少安，惟云稍用心仍覺頭漲。其病仍與腦部有關耳。

專肅，敬請東軒先生大人頤安。

國維再拜。

**王國維**（一八八七—一九二七），字静安，號觀堂，浙江海寧人。近代學者。早年就讀于東文學社，後留學日本。民國十三年（一九二四），受聘爲清華研究院教授。民國十六年（一九二七），自沉北京頤和園昆明湖。著述宏富。

賜書并　致　雪堂函敬悉扇面　敝處可代寄但

尊體新安似以從緩揮毫為是抑安前日往視之已少安惟

云稍用心仍覺頭漲其病仍与腦部有關耳專肅　敬請

東軒先生大人頤安

國維再拜

# 吴徵致吴仲坰書札

仲珺道兄先生左右：

昨奉惠書并大著《餐霞閣印存》，披覽數過，愛不忍釋。秦序謂胎息浙皖，而弟以爲全從漢印中得來，恐海上時史未必能與我公抗衡者，敬佩敬佩。弟從前曾喜爲之，然深知此道之難，不敢出以問世，遂專究六法，此調久不彈矣。畫中所鈐之印，大半爲胡菊叩所刻。胡亦名手，宜爲我公見賞也。公暇如肯顧談，尤所翹盼。

肅此鳴謝，敬頌道安。

弟徵頓首，九月二十日。

**吴徵**（一八七八—一九四九），字待秋，號衰鍋居士，浙江桐鄉人。近代書畫家。山水初承家學，後專攻『四王』一路，用筆凝重。亦善花卉，特擅寫梅，名重一時。書法精行草。『海上四大家』之一。

仲瑶道兄先生左右：昨奉
惠书并大著《餐霞阁印存》，指览数遍，爱不忍释。
秦序谓胶县陈皖南尹所藏金石汉印，半得来自海上时贾，
未必能与我公抗衡者，敬佩敬佩。弟性所嗜，喜为之，幽深
知此道之难，不敢出以问世，遂未究其法，此调久不弹矣。
素弟所钤之印，大半为胡菊邻所刻——胡亦名手，宜其为我
兄见赏也。可概如肯饮读者所赐，匆匆即此鸣谢，敬颂
道安。　弟徽拜——　九月六日

## 袁克定致徐世昌書札

弢菴世伯賜鑒：

親喪在寢，分府金以重賵，遺文言以爲祭，拜嘉讀誄，存没銜感。童子無識，如夢若醉。武夫叱呼，桃宣功多。此時此際，丈獨劬勞。守制冢側爲之廢食。自京人來，又悉憂勤，鬢須盡皤，惜守先林，未能赴京一瞻顔色爲憾，尚祈爲國珍金，相保期頤。

先君周期，少將史久光來彰修祭，據稱感戴殊眪，樂效捐軀。史將尚氣節，重然諾，如此遺風，或堪衛侍之選也。

恃愛妄瀆，無任主臣，敬請福安。

侄制定啓事，六月六號。

**袁克定**（一八七八—一九五八），字雲台，號蝶盦，河南項城人。袁世凱長子。清末曾任農工商部參議。通曉英、德文字。

殘菴世伯諒鑒叙書在寢
分府金以重帽
甚文云以為祭祀
嘉讀
謀存設衛錢壹千贊淺如夢
莫録惠夫吃味桃宜功多此時

比諗
丈獨納叩守新塚佃為之夜長
自京人來又云
庭勤整裝擬去時惜守夫未來
我赴京一晤
顏色為慨尚祈

為國踈崖相保頭頭 先君周
頌少將史久次米郭滌祭探孫
錢鐵
孫將軍勳指揮史將尚氣之頭
垂於漢如飛燕風或地
衛偉之選也將

专此渎恳任王至敬请

福安　经和宽顿首

六月六号

## 于右任致賈景德書札

煜如老兄惠鑒：

捧誦來示，復承寵錫大作，吟味既久，頰齒留芬，誠風雅之正聲，杜陵之遺響也，傾佩實深。

兹謹奉上《民族詩壇》第三輯一編，尚希多惠近作，公諸同好爲幸。耑復，并頌文祺。次老、蘭兄均好。

右任上言，八日。

鈐印：右任（朱）

**信封**：賈秘書長大啓，于自原

**于右任**（一八七九—一九六四），名敬銘，號太平老人，陝西三原人。近現代教育家、書法家。民國時期，曾任陝西省政府主席，國民政府審計院院長、監察院院長。

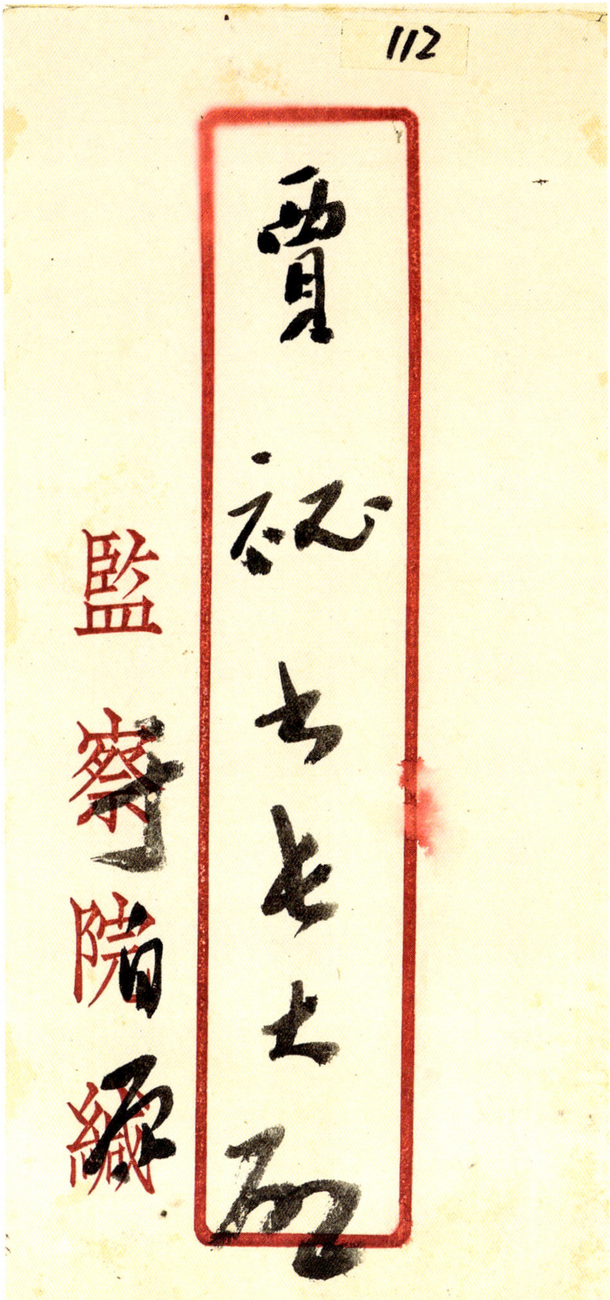
112
賈祝先生大啓
監察院緘

怀素见惠尝持诵
未示没兼
究纷大化吟味玩
久颜昌其诚风

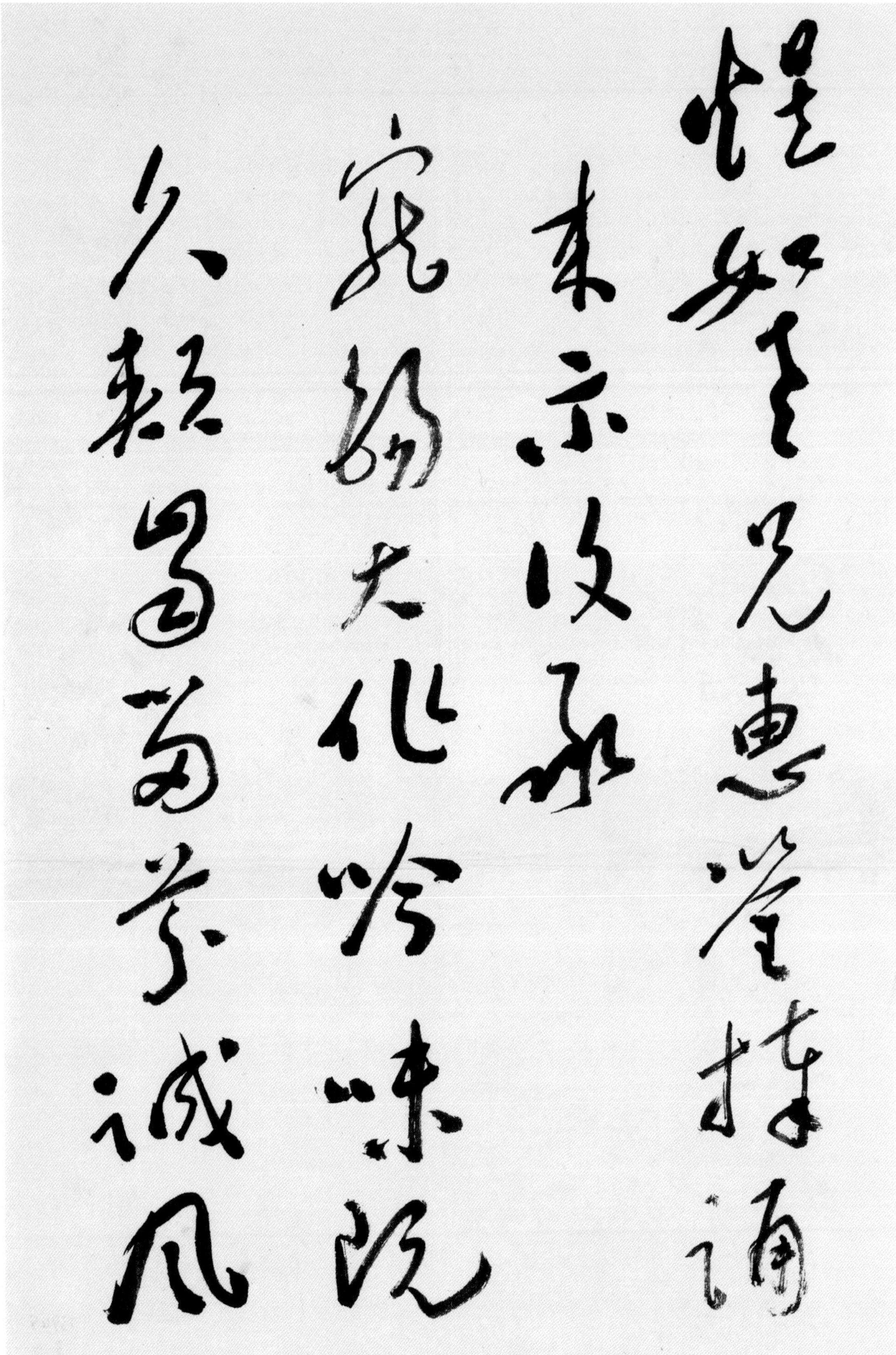

雅之正者杜陵之遺響文饒何宗深茲讀書上民族詩壇革之精一鄉尚

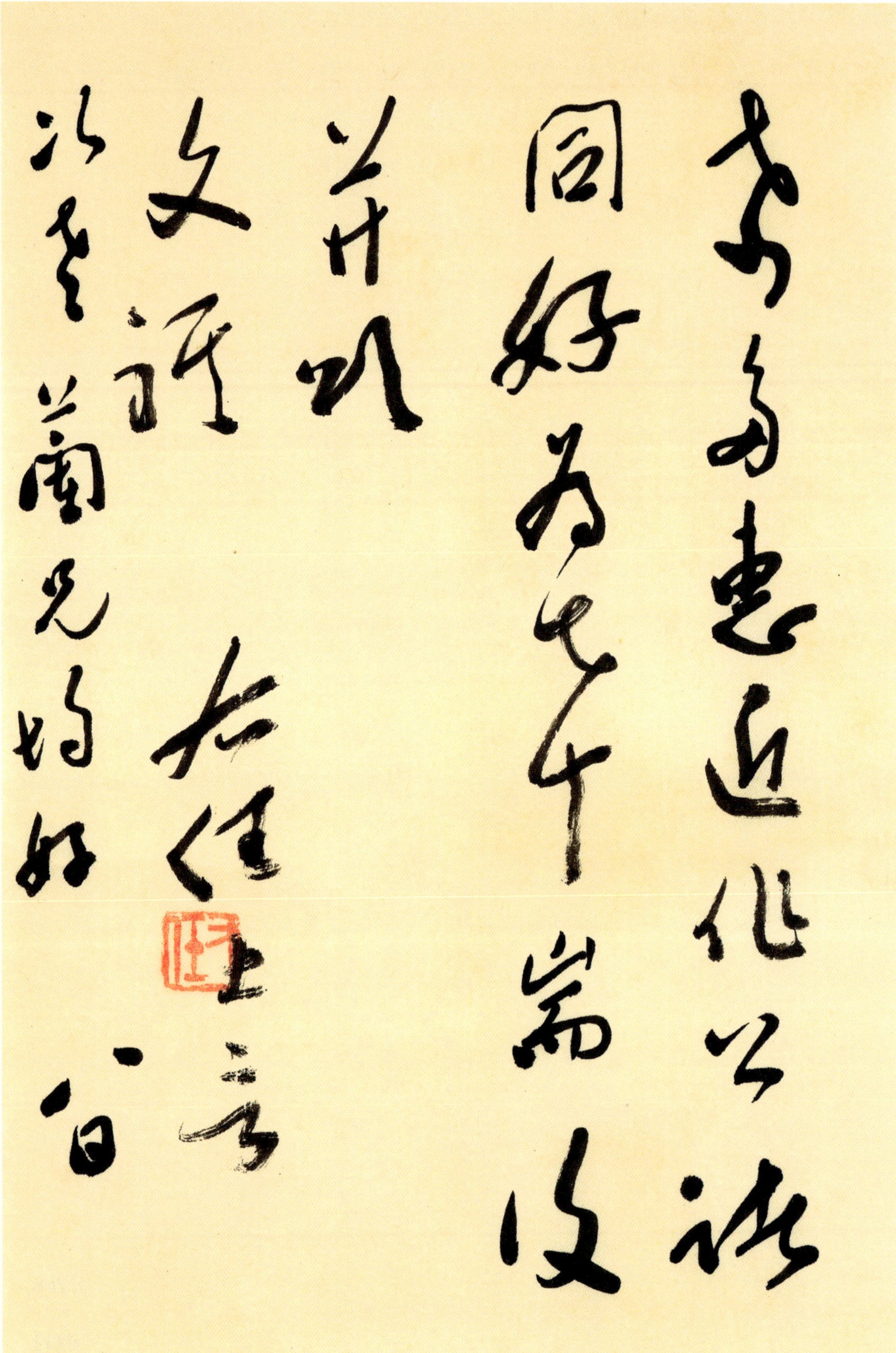
去歲惠近作以請
同好為七十嵩壽
并以
文評
右任上言
孙奎蘭先嬀姊
一日

# 陳獨秀致何遂書札

叔父先生左右：

奉手書，并承賜明刀一柄、《東亞文明曙光》一册，至謝。

尊集《古歡録》略讀一過，鄙陋之見，率陳如次。中有一鼎，或云爲周、爲商，未能定，鄙意當爲周鼎。蓋青銅時代雖始於殷之中葉，至周乃盛。此鼎花紋甚精，恐非初由鬲變鼎之物。商即有鼎，未必能精，若與商同時發展於徐淮之祝融八姓，以南方産銅多故，其用金或視商爲早，其器或視商爲精，似未可據此以駁「商質周文」之説也。𣅃之爲師，無可致疑。梁鼎似爲漢器，以其製作不精，銘文移於鼎外以代花紋，此均不類周鼎，未可依紀年謂爲周器。以漢梁之紀年，得用漢帝之紀元也。周甲鬲似爲鼎，非鬲，以其形制已不肖近今出土之鬲。果爲鬲、爲鼎，當可决於是否空足，惟即空足而初製之鼎仍沿鬲之舊，亦非事之必無。

眉壽萬年鐘名殊不正，作鐘者之名雖未能遽定爲何字，而旅鐘字固明爲「旅」，或可暫以「旅鐘」名之。明公敦（簋）有用作輂彝之文，「輂」即「旅」，古器亦有其例也。「棜禁」字，禮器、玉藻多作「棜」，作「於禁」者，始於《隸釋》。《禮器碑》「棜禁」字似「柉」，亦似「枨」。觀其「俎豆」字作「柤桓」，知漢碑字固多率意，未可據爲典要。「柉」字《博雅》訓杯，《玉篇》《廣韵》均以爲木皮，可以爲索。「枨」字《廣韵》以爲木名，中箭笴，均與「棜禁」之義絶遠。「棜」字《玉篇》以爲几屬，《廣韵》謂「棜」無足尊也。「棜禁」本爲承尊之盤，几字從旅，謂「置尊於此器」，較用於「枨」有義。近今中日古物學者均作「柉禁」，鄙意仍以用「棜」爲勝。毛細之見，無關宏旨。貢之大雅，無俾流壞也。

楊惠之角直塑像，已見珍於世。舊傳昆山慧聚寺塑像亦出楊手。第相傳慧聚塑乃爲四天王，且有侍女，今觀先生所得乃爲羅漢，非同物，不知亦爲慧聚寺之物否？楊惠之鳳翔天柱寺維摩像、洛城廣愛寺文殊、普賢像，蘇子由兄弟曾紀以詩，雖已不存於今世，先生周游西北，必知其究竟，統希見告。

率候起居，不備。

獨秀手啓，三月三日。

題跋：陳獨秀先生對本書來函討論并附序末。遂記，二六、九、一八。

陳獨秀（一八七九—一九四二），字仲甫，安徽懷寧人。近代革命家、思想家，新文化運動的發起者，中國共産黨創始人和早期主要領導人之一。曾任中央局書記、中央委員會總書記、共産國際執行委員。

陳夢家先生對本書來函討論並附原來　□記　二六.九.一八

叔父先生左右：奉手書，詳示中國之一柄東亞文明曙光兩日讀
華集古欽録，異讀一過，郭陋之見，容遂又次中有一鼎，我云為周
為商未能定。郭云當為周鼎。蓋青銅時代銘紋於殷之中葉，□
周乃盛。此鼎花紋甚精，足以初由商之鼎之物，當有其未及矛將
殷商周時器居於稀往往之祖器歐八件，其用途或祖商為平其器，或
祖商為精，似未可據此以較商器周文之說也。昧之為師，余甚致疑，果其
似為淨器，以其製作不精，蓋銘文移於其外，以代花紋，此物云軌周其
未可依紀年說為周器，以淨器之紀年，即用淨者之紀元也。周甲一兩似
為其形兩而以其形制正不有道，今出土之一兩，果為一兩為其，當見待非是
不分工是非，即分工是兩，初制之斗，仍從兩之舊，亦非予之立年肩者
年鉞名殊，不正作錢，其之名雖未能遂定為何字，而刷錢字明為旅
我目將以旅錢名之。明以殷分用作旅彝之文，蔡即旅古舊亦有
其例也。楚字乃神器，下蘩而作櫟，作於楚如於隸釋神器碑
楚字似於其似根範本。但至字乃是至以象甲。

椶字廣韻以為木名，中含者爲絲，如與拂麈之義絕遠。拂字正當以為几屬。廣韻謂拂麈之毛可爲帚也。拂麈本爲承露之盤，凡字从彗，即置帚於案，故用於椶有義。近今中日古物多有拂飾於麈，前言僧以用椶為勝，毛細之見長圖，宋皆貴之。大雅之作，儀擬也。楊惠之甪直塑像已毀於世，舊傳崑山慧聚寺塑像亦出楊之手，弟切待慧聚塑像乃為四天王，且為侍女。今讀先生所得乃為羅漢，非因物而知，無為慧聚寺之物者。楊惠之風韻尤於寺維摩像、淨域廣愛寺之張有佛像，蘇子由見爲留記以詩，惟已不存於世。先生周諏要此，不知究竟究之從未可窺否。專頌

起居不備

弟 顧 三月二十日

## 柳詒徵致阮毅成書札

毅成先生偉鑒：

時局演變，企仰爲勞。茲有懇者，舍親白砥民曩服務於東南日報，春夏之際，恒通音問，自戰事作，不知其一家八口流轉何所。屢托知友詢訪，訖無確訊，用敢奉懇公暇飭屬詢該報執事或其他方面（如救濟招致等機關），倘可得其踪迹，隨時示知（并乞予以援助），則感荷無既。

詒自上饒而浦城、水吉、建陽，托福幸尚順適。初意從浙大分校鄭曉滄君游，近爲何柏丞君要約，擬於聯大稍事講演。黔友又有電邀，或俟妥伴西征。衰朽殘年，未知何時得奉清光，一傾積愫。臨潁無任感喟。

此頌公綏，不一。

愚弟柳詒徵頓首，八月卅日。

復示請寄建陽馬伏劉家巷招待所，或盈字八十號信箱均可。

**柳詒徵**（一八八〇—一九五六），字翼謀，號劬堂，江蘇鎮江人。近現代古典文學家、歷史學家。曾任国立中央大學國學圖書館館長、國史館纂修、中央研究院院士。著有《中國文化史》《國史要義》等。

毅成先生偉鑒：疇向演變，企仰爲勞。前有
函者，舍親白砥民曩服務於東南日報，春夜
隨恆道言間自戕事作，不知其下落，一家八口流轉
何所，屬託知友詢訪，訖無確訊。用敢率函
以瀆，飭屬詢該報執事，或其地方面協力（如探屬於政等報閣）
得其蹤迹，隨時（并乞予以援助）示知，則感荷無既。弟
自去歲兩浙撤水吉建陽，託福幸尚順適。
初意從此分校，鄭曉滄兄在浙近爲何

政五用箋

頃理君要約擬於明天銷事講溪野
友又有電邀或係要件西征襄於球
年來和何時得季
清光一傾積愫惟願無任感唱出頭
為荷　弟柳棄疾頓首
復示請寄建陽馬伏劉家巷招待
所或愚八十年經輯均可

政五用箋

# 譚延闓致李寶祥書札

叔瓊先生左右：

藥商捐款指撥歸敝軍，承公爲助力，感荷無已。節日已近，需費正切，欲乞公更爲催勸，能於明日得二萬元，使諸事有辦，乃大惠也。餘萬元自可節後交下。專此奉懇，請鑒許之，敬請大安。

弟譚延闓啓，六月四日。

鈐印：譚延闓印（白）

**譚延闓**（一八八〇—一九三〇），字組庵，號無畏，湖南茶陵人。近代政治家。光緒三十年（一九〇四）進士。民國時期，曾任國民政府主席、行政院院長。工書法，有『近代顔書大家』之稱。著有《組庵詩集》等。

竹隱先生左右於善簡
捐款援撥歸數年來
足為助力其著著節
日見近需甚巨切望乞
以資為倡勸助社會福

乙善元使供養者藏乃
大惠や防る元自の節候
安不専此壽無一行
懺悔話し勤修
吉香

丙澤門跡
二月四日

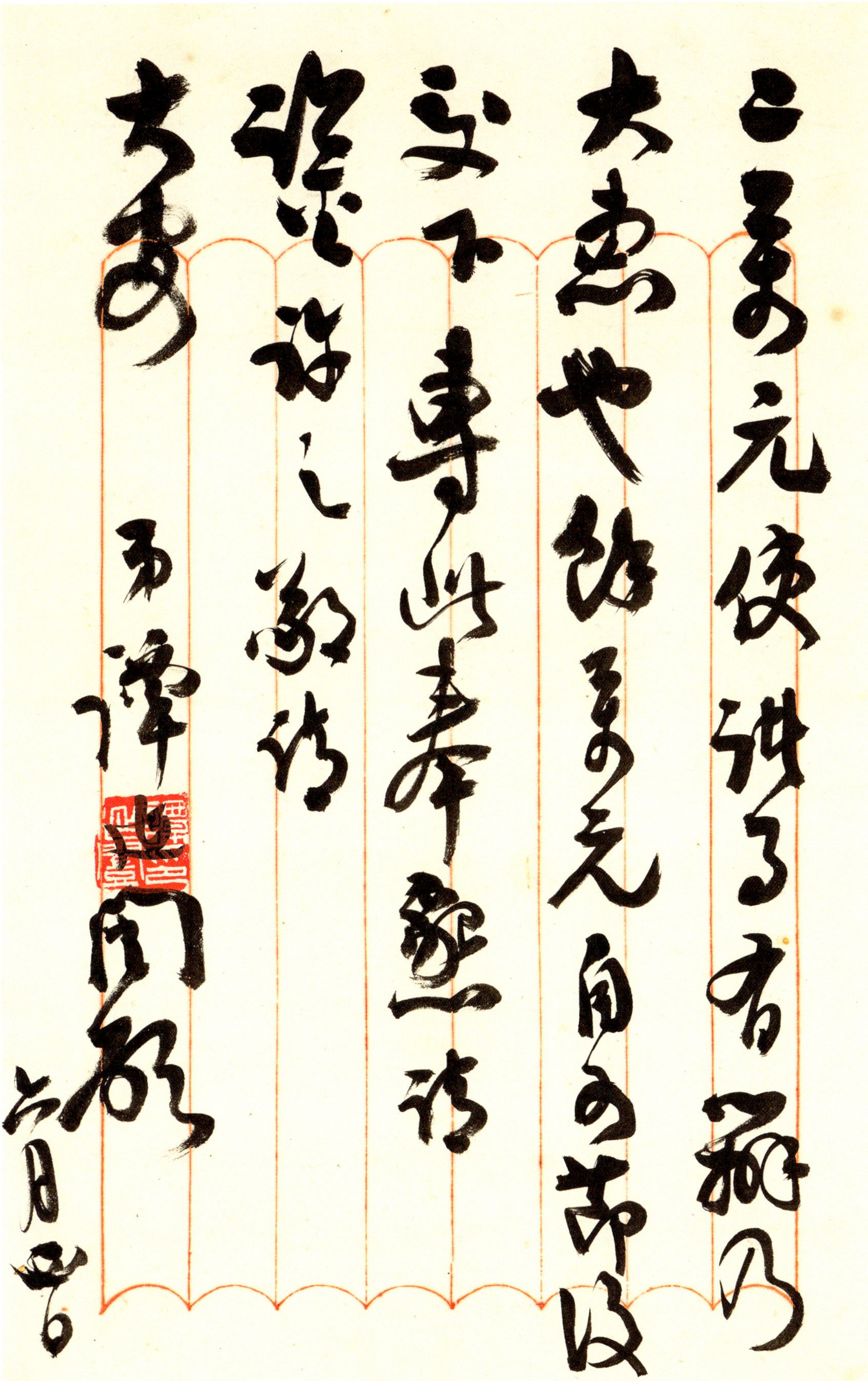

# 徐樹錚致張伯英書札

壽文稿送上，小屏已便道往催，均已齊妥。上軸今晚即藏工。此時似以清稿畫格爲亟也。少溥吾兄午安。

弟樹錚頓首，十二。

**徐樹錚**（一八八〇—一九二五），字又錚，號鐵珊，江蘇蕭縣人。早年留學日本學習軍事。回國後，曾輔助段祺瑞『三造共和』，任陸軍部次長。民國十四年（一九二五），遇刺身亡。

壽文稿並上小序正
候選往價均已奉妥上
軸今晚取藏上此時似
以清稿稱為異耳
少濤吾兄年安 弟樹鏞頓首 十二

# 馬衡致唐弢詩札

床上書連屋，階前樹拂雲。將軍不好武，稚子總能文。醒酒微風入，聽詩靜夜分。絺衣挂蘿薜，涼月白紛紛。

風子先生雅屬，馬衡。

鈐印：馬衡（朱白）

**馬衡**（一八八一——一九五五），字叔平，浙江鄞縣人。近現代金石學家、考古學家、書法篆刻家。早年就讀於南洋公學。曾任北京大學研究所國學門考古學研究室主任、西泠印社社長、故宫博物院院長。

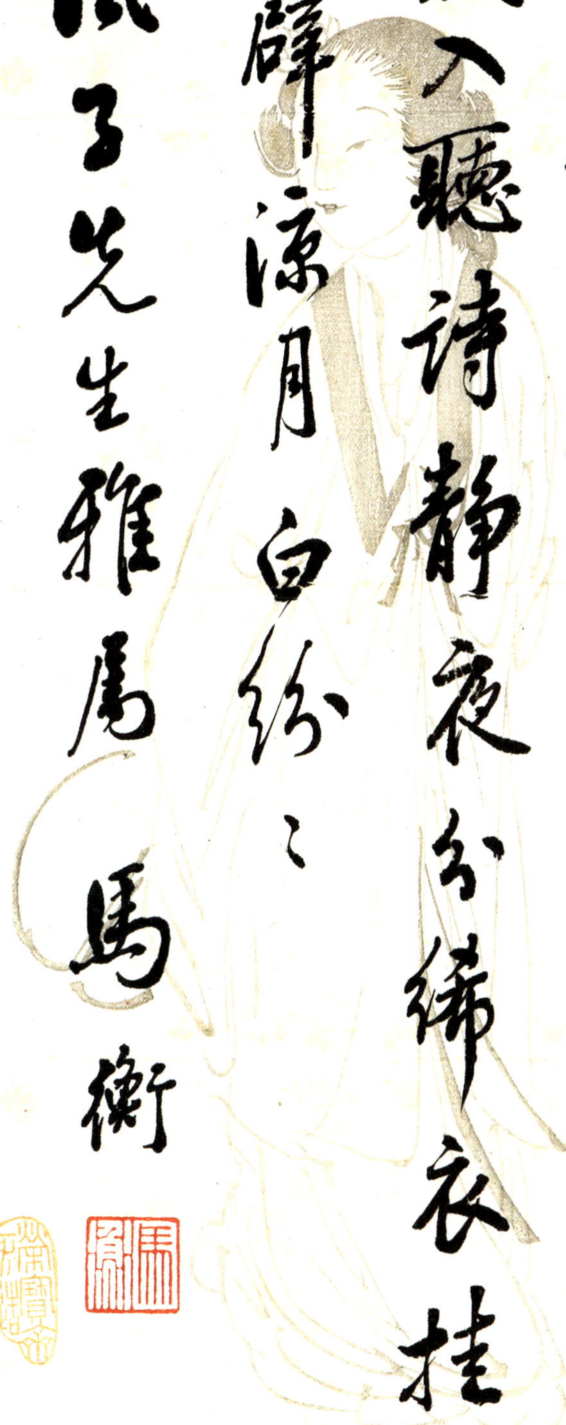

牀上書連屋
階前樹拂雲
將軍不好武
稚子總能文
醒酒微風入
聽詩靜夜分
絺衣挂蘿薜
涼月白紛紛

風子先生雅屬　馬衡

# 張宗祥致陳垣書札

援庵先生執事：

昨思在經濟上略效綿薄，至天津一行，結果仍無確款，歸途受寒小病，不能趨謁，幸諒！今請仍以友誼進言如左：

一、公之去留。公出任此職，完全非名利問題，實爲梁總理。則總理在任一日，自當全始全終，不可輕去。

二、交系之組閣，此次實出全力。學界實力雖微，尚能左右輿論，且爲費不多，自當竭力設法使八百孤寒心懷感激。

三、前晤八校中人，談及陳君文虎，其切齒在馬次長之上，不可因舊交之故仍留此人在秘書廳，有損物望（言論甚多，不能細載，總之弟與陳君并無私怨）。

四、衙門薪水如舊曆年前能發兩月以上（現聞已發過三成，則再發兩月可矣），餘者許其分期補發，自可回復原狀。

弟之爲人，耐冷惡囂，十年塵海，未遷一官，非不能，實不願。與公雖新交，意氣尚相投，故敢忽發狂言，直陳臆見，統祈鑒察，不宣。專頌爐安，并賀年禧。

弟張宗祥敬上，一月一日。

**張宗祥**（一八八二—一九六五），字閬聲，號冷僧，浙江海寧人。近現代學者、教育家。民國時期，曾浙江省教育廳廳長。中華人民共和國成立後，曾任浙江省圖書館館長、文史研究館副館長，西泠印社社長。

揆庵先生執事：昨思在經濟上略放鬆，黃河天津一行結果仍無確數，歸途受寒小病，不能趨謁，幸恕。今請仍以友誼進言如左：

一、公之去留，公出任此職，完全非名利問題，實為畢總理，則總理在任一日，自當全始全終，不可輕去。

二、家棠之組閣，此次實出全力，學界實力難徵尚能左右輿論，且為費不多，自當竭力設法使八百孤寒心懷感激。三府昭八極中人，彼乃陳君文虎，其材遠在馬次長之上，不可因舊交之故，仍留此人在福建廳，有損物望（言論甚多，不能細載，總之，弟與陳君並無私怨）。四衙門薪水如舊曆年前能發兩月以上（現聞已發過二成，則再發兩月可矣），餘者許其分期補發，自可回復原狀。弟之為人，耐冷無

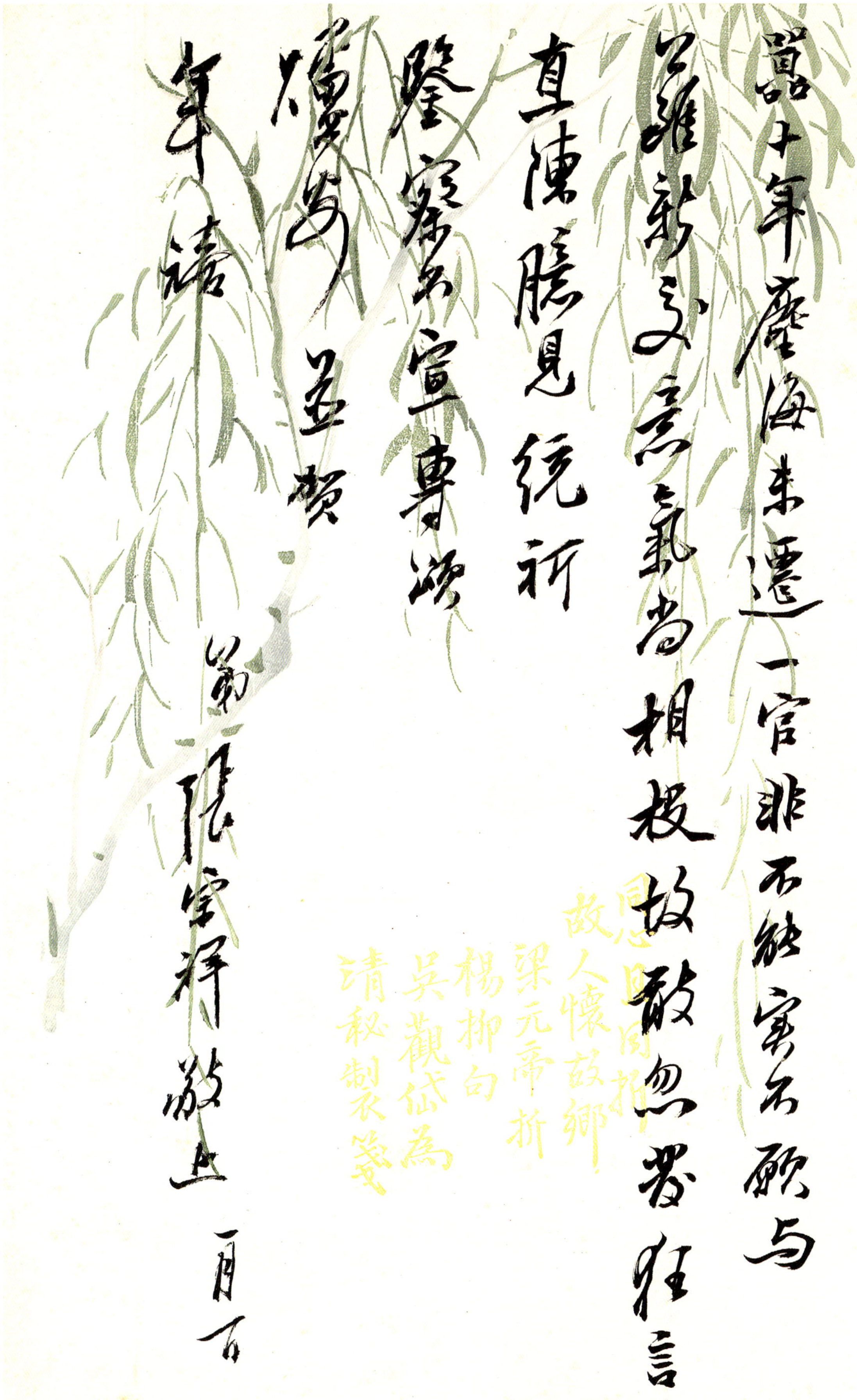
當十年歷海未遷一官非不能寧不願与
以羅新文意氣尚相投故敢忽發狂言
直陳臆見統祈
鑒察為宣專頌
撰安 並賀
年禧
弟 張宗祥 敬上 一月 一日

故人懷故鄉
梁元帝折楊柳句
吳觀岱爲
清秘製箋

# 馬一浮致賀昌群書札

藏雲先生左右：

久成間闊，唯動止勝常，著述益富，良深嘆仰。

曩者足下所假書院諸書，積年未嘗奉問。其中有一部分爲謝子厚寄存之書，去年内即擬還之，曾囑立民致書珂里，請先以見畀，未蒙賜復。今忽又半年，聞在三台，文史足用，自無須此。暑假即届，想暫當言歸，道經嘉定，務懇因便將此項書籍一并擲還。浮衰朽不堪入俗，久思杜口書院，現正準備結束，以俟後來達者重更規制，所有公物不容不交割清楚。賢者儻不忘昔日之雅，不致責以不情，定必慨然見許，不唯全交之道，亦見愛物之心也。書目清單另附，率爾奉瀆。

順頌撰安，佇候賜答，不具。

弟馬浮頓首，卅年六月廿三日。

**馬一浮**（一八八三—一九六七），名浮，號湛翁，浙江紹興人。近現代思想家、哲學家，新儒家早期代表人物之一。中華人民共和國成立後，曾任浙江省文史館館長、中央文史館副館長。

藏雲先生左右：久欽朗潤，唯
勒此陳布。
著述益富，邑居屢（？）遷，纂者
足下所係書院諸書，積年未當
未聞。其中有一部分為謝子厚
家藏之書，去年之冬即擬還之，
曾請吾兄攜書
珂里，請先行見畀，未蒙

賜復，今忽又半年，閱
在二台，先生用自無須此著
得印區想
整當言歸，道經嘉定，發憩
因便將此項書籍併
攜還。滬寓移出，心懷入俗之思
杜白書院現正肆備結束，以
俟後來達者重更規劃所有

之物不容不忍割情捨
賢者僅不忘昔日之雅不棄
書以不情定如
慨然見許予惟全數之道寬
貴物之心也書目清單另附奉
求專達順頌
撰安佇候
賜覆不具　弟馬浮頓首
卅年六月廿二日

## 吕碧城致王一之、李昭實書札

一之、昭實先生同鑒：

幸瞻鉾佼，眼界爲新。本星期日午後五時半，謹備茶點，恭候光臨，一叙爲荷。竱約，并頌儷綏。

吕碧城啓，七月一日。

**吕碧城**（一八八三—一九四三），字遁夫，號明因，安徽旌德人。近代中國女權運動的首倡者之一。清末任北洋女子師範學堂監督，提倡女子參加國家救亡大事。民國初，曾任總統府機要秘書。著有《吕碧城集》等。

一之
晤實先生同鑒：奉瞻
頓使眼界為新。本星期日
午後五時半謹備茶點恭
候
光臨一敘為荷。轉約並頌
儷綏
呂碧城啟
七月一日

# 馬叙倫致阮毅成書札

毅成先生世尊兄大鑒：

不奉箋教，又復經時，伏想履候勝常，無任企頌。

今有懇者，吾浙比年盜墓之風極爲横熾，止以常法罰，輕不足蔽辜，而宵人遂無所畏耳。戚友之家遭其禍者，所聞已非一二，乃今得敝師陳介石先生之世兄來書（原書附覽），告以介師及其太夫人之墓竟亦被盜。弟辱在門下，聞之酸楚。介師清末長吾浙諮議局，與尊先公同事有年，用敢奉乞吾兄鼎助，設法緝凶到案，嚴儆以止盜風，亦安閭閻之要事也。

公私并感，惟俟復命，不一。即頌大安。

世小弟馬叙倫頓首，廿九年六月一日。

賜復請寄霞飛路霞飛坊八八號陳孚尹先生收轉爲荷。

鈐印：馬叙倫印（白）

**馬叙倫**（一八八四—一九七〇），字彝初，號石翁，浙江杭縣人。近現代哲學家。中國民主促進會主要締造人和首位中央主席。中華人民共和國成立後，曾任中央人民政府教育部部長。

毅成先生世兄大鑒：不奉誨教，又復經時，伏想
履候勝常，無任企頌。今日報載多於年盜墓之風極為
橫熾，當局雖常法罰，雖不益嚴，古年而有人遂無所畏耳。感及之
家遺，苦福去所向已死一二，乃今得徽師陳介石先生之世父家
書對 先生 介師及其太夫人之墓竟亦被盜，而厚在内下同之
後裔介師清其長子多所請議為與
吾先公同年且用誼事先吾
兄鼎助設法緝究，案嚴懲以止盜風，亦吾鄉閭之要事也。公
私併感，惟候
復命，不一，即頌
大安
世小弟 馬敘倫 頓首 廿年六月一日

賜復請寄霞飛路霞飛坊
八八號陳彥尹先生收轉為荷

## 謝无量致于右任書札

右任先生執事：

熊君逸濱，黔之老成，聞已有人爲之推轂。現監委尚缺黔省。弟知熊君最久，倘承汲引，必能與公相得益彰，用特冒陳，伏希裁察。

此頌勛安。

弟謝无量頓首，二月十五日。

**謝无量**（一八八四—一九六四），字仲清，號希範，四川梓潼人。近現代文史學家、哲學家。中華人民共和國成立後，曾任川西博物館館長、中國人民大學教授、中央文史館副館長。

南京中央飯店旅客用箋

電話二一一一一號

右任先生執事：熊君遂濱，黔之老成，聞已有人為之推轂。現監委尚缺黔省，不知熊君最久，倘承汲引，必能與公相得益彰。用特冒陳，伏希裁詧。此頌勛安。

弟謝无量上

二月十五日

有線無線電報掛號六三三六

南京中山路大行宮

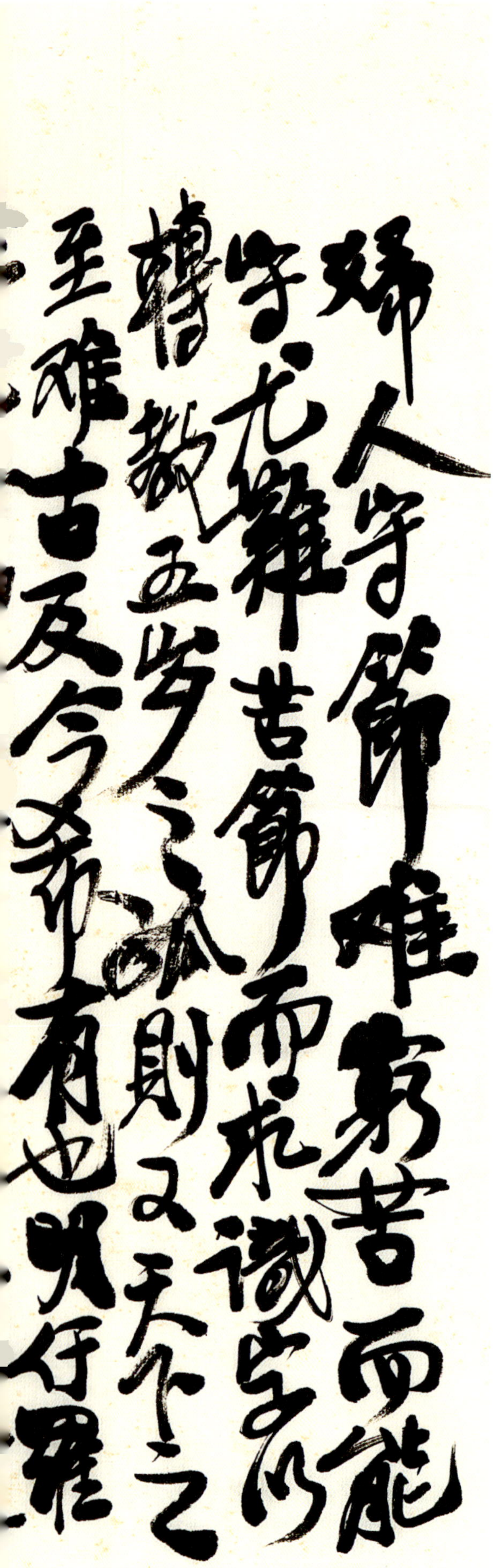


## 熊十力致卞孝萱題詞

婦人守節難，窮苦而能守尤難，苦節而求識字以轉教五歲之孤，則又天下之至難，古及今希有也。明儒羅念菴稱節婦烈女之行，乃人類道德之最高者。其生長深閨，無見聞之啓迪，而誠發於中，真積力久，其事縱至奇至難，而實家庭間庸德庸行，非若立德於天下者，有赫赫之績可以詳舉。人之於其行事忽之也易，而彼孤守窮閭暗室，亦未嘗妄冀不可知之譽望於當世，誠之至而通於天，彼亦不自明也。無所爲而行乎不容已，其可謂至德也。揚州卞子孝萱函述其母李夫人節行，懇請題辭，遂書此致敬。

中華民國三十七年九月廿五日，熊十力。

鈐印：熊十力印（朱）

**熊十力**（一八八五—一九六八），字子真，湖北黃岡人。近現代哲學家、思想家，新儒家代表人物。著有《新唯識論》《原儒》《體用論》《明心篇》《佛教名相通釋》《乾坤衍》等。

之最為者其生長深閨見聞之啟
迪而識量於中直積力久其事親至孝可
至難而處之家庭間處處應行非若
立德於天下比有赫赫之績可得詳舉
人之於其行事見之也易而彼孤守窮閭
閨室亦未嘗美異可知之譽望于當世
識之至而通於天彼亦不自明也其所為
而行乎不容已其可謂至隱也揚冊卞子
孝道圖述其母李老夫人苦行息請
題辭遂書此致敬　中華民國
三十七年九月廿五日
熊十力

# 李濟深致胡鄂公書札

南湖先生道席：

數奉教言，敬悉一切。

宣君來，陶先生繼至，出手示亦經拜悉。德公回桂，事前曾着人到舍，約會於梧州。先生所示各節均經談及。國際方面，云蘇方已經由胡派人進行，而法方亦在進行中，國内武力亦在進行云云。談至此，適陶知行先生來談，故未詳詢其實現方法與步驟也。弟擬日間再去密電一詢，催其究竟，想先生亦同意也。或者他尚須與白一商，故去電一并使白同商，或有較確實消息也。如何？後再詳報，不盡縷縷，托由宣君面陳。

耑肅，敬叩道安。

弟李濟深上，五月九日。

**李濟深**（一八八五—一九五九），字任潮，廣西蒼梧人。中國國民黨革命委員會主要創始人和領導人之一。抗日戰爭全面爆發，積極回應中國共產黨一致抗日的號召。中華人民共和國成立後，曾任中央人民政府副主席。

南湖先生道席數奉
教言敬悉一切宣君来陶先
生繼至出手 示亦經拜悉德公
回桂事前曾着人到舍約會於
梧州 先生所示各節均經談及
國際方面云蘇方已經由胡派人
進行而法方亦在進行中國內
武力亦在進行云云 談至此

適陶知行先生來談，故未詳詢其實現方法步驟也。弟於日間再去密電一詢，催其究竟，想先生亦同意也。或者他尚須與白一商，故去電一併使白同商，或有較確實消息也。如何，後再詳報。不盡縷縷，託由宣君面陳。端肅敬叩

道安

弟李濟深上

五月九日

# 黃侃致潘重規、黃念容書札

石禪甥及大女同覽：

廿三日得十八日書并銀五十圓、湖北省公函一封。予于月半前感寒中酒咳嗽發熱（兒女媳惟田、祥二人未病，餘皆小小疾苦，今幸皆全愈矣），延德醫狄博兒診療，于廿二日全愈，今尚服藥攝養也。

一月中耗去銀錢九百，倭奴洵虛耗鬼哉。幸鼎丞寄資二百，覺生寄資一百，又得惠貺，大概可以榰持兩月薪米之費。惟行時自綿衣以次皆未挈出，此又須籌箸矣。金陵校曾有電信，趣予南還，心驚滬事，又知倭有咤擊蘇杭之舉，以此徘徊，尚未敢行。

昨太炎師亦自滬避兵至燕，殊爲狼貝。窮途尚能講學，此亦足爲後學矜式者矣。贛州未脱坎難，想見憂惶。甥非甚裕，此後倘非予極窘呼援，可毋須常損大惠也。

手書，即祝俱安。

廿六日晨，侃，即三月二號。

漢上如不能安，急來燕避之，寓屋有餘，足以容君。

**信封**：武昌候補街高家巷一號贛州潘寓，潘石禪先生手啓。

快　北平，前門外長庵上四橋卅七黃季子書，三月二日午。

**黃侃**（一八八六—一九三五），字季剛，號量守居士，湖北蘄春人。近代民主革命家、語言文字學家。師事章太炎，擅長音韻訓詁，兼通文學。曾任北京大學、中央大學等校教授。著有《文心雕龍札記》等。

石禅甥及大女同览：廿三日得十六日书并钜五十圆、湖北省公函一封。予于月半前感寒中酒，欬嗽发热，延德医杜扬（儿女娘惟田祥二人未病，修皆以之康甚，今幸皆全愈矣）儿诊疗，于廿二日全愈，今尚服药摄养，此一月中耗去钜钱如百。倭奴洵是虚耗鬼哉！幸鼎丞寄资二百，觉生寄资一百，又得惠貺大概，亦以撑持两月薪米之费，惟旦时自解亦以次皆未挈出，此又须筹虑者矣。金陵校曾有电信趣予南还，心惊泥予，又知倭有何轻击苏杭之举，以此徘徊未敢行。太炎师亦自沪避兵至燕，虽为狼踉穷途，尚能讲学，此亦足为后学矜式者矣。赣州未脱坎难，甥见忧惶，甥非甚怯。此后倘非予极窘呼援，可毋须常援大惠也。手书即祝俱安。廿六日晨 侃

卯三月二号

汉上如不能安，急来燕避之，房屋有余，足以容眾

# 譚澤闓致過翁書札

過翁尊右：

錫九來，奉兩示并百花酒，感謝之至。

屬書各件，俟張明蛟來帶去。昨岳胡到，想已晤，姜胖遂坐候工作耶？聞張石侯已畢命，海槎今晚往南昌去，以武人言，固其所；以朋友言，實可傷。然亦足使人息意於世路矣。史晨承玉成，此大惠也。岳件已書好郵去。

此頌勛安。

弟期瓶頓首，七日。

**譚澤闓**（一八八九—一九四八），字祖同，號瓶齋，湖南茶陵人。譚延闓弟。近代書法家。師法翁同龢、何紹基、錢灃，上溯顏真卿，并善榜書。民國時期，南京『國民政府』牌匾即爲其所書。

遐翁尊兄：

賜九秉奉

函示并高花箋多至

屏幅各件俟張紙箋來

事多，昨岳翔到，想已見

美畔邀坐候工作所開
張石侯已畢命海棱令
晚往南昌去以武人之圖
其所以朋友之密之傷於

亦足使人息意於世路
矣史君居承到城此去惠
也岳供已書如鄴去此處
勉之 事冗再拜
七日

# 李大釗致李辛白書札

辛白吾兄先生：

兹有數事要同我兄説：

（一）寄二十份（自二十一號起）《每周評論》到山西大學李泰棻先生處，托他轉托人代賣。有弟致李君一函與報同發。

（二）有二處與我們交换的報，我們應該各寄一份。地址列下：廣東省城廣東基督教大學内嶺南雜志社；長沙理問街湖南通俗書報所，湖南通俗教育報社。

（三）益世報館潘藴巢先生已經送贈没有？如未贈，乞從本期贈送一份。

弟大釗敬白。

**李大釗**（一八八九—一九二七），字壽昌，河北樂亭人。近代革命家、思想家，中國共産黨創始人之一。曾任北京大學圖書館主任兼經濟學教授，中共三大、四大中央委員。

来条

山西大学李泰棻先生

廿一号起 廿份

照办

国立北京大学用笺

辛白吾兄先生：

兹有几句要同我兄说说：

(一)寄二十份（自二十一号起）每周评论到山西大学李泰棻先生处，托他转托人代卖。有弟致李君一函，并托同发。

(二)有二处与我们交换

國立北京大學用箋

的報我們應該各寄

一份地址列下：

廣東省城廣東基

督教大學內嶺南

雜誌社

長沙理問街湖南

通俗書報社湖南

通俗教育報社

卽寄 ◎◎

廣州 廣東基督教大學內 嶺南雜誌社

廿三起 一份

卽寄 ◎◎

長沙 理問街 湖南通俗教育社

廿四起 一份

國立北京大學用箋

本益世報
京潘蘊巢先生
擬送
廿一七 一份

（三）益世報館潘蘊巢先生已允送贈，以後有以前未贈者，乞照本期贈送一份。

弟 大釗 叩

## 太虚法師致葦舫法師書札

葦舫：

止今日，一期只收到十三本，二期亦收到了六本也。二期之附刊的題字大小及呈文、公函等，次序排未當，然亦無法。二期有編剩者加入三期，恐三期須掉動者甚難免之。印刷所遇此，可加他錢，勿惜小費。

太虚，二月五日。

更正入三期，二期稿到否？

**太虚法師**（一八八九—一九四七），法名唯心，號昧庵，浙江海寧人。中國近代佛教改革運動的理論家和實踐家。其畢生振興佛教、建設新佛教文化。與虚雲、印光、弘一并稱『民國四大高僧』。

复已全部三期特别者

莘耕：此今日一期只得到十三本，二期一期者得到了如本也。二期之附刊的改字太小，及是否还要次序排本看，兹去还他，二期有编刊者加入三期，各期须挥动着羡见之。即倒行界送此可以他钱合增如某人、

苦雨　二日的夜

# 陳寅恪致商務印書館書札

敬啓者：

拙著《唐代政治史述論稿》如再版時，希貴館將正誤表一并印入，附於書後，不勝感激之至。

又該書原稿請即檢還，因鄙人欲得當日手寫之稿以備查閲，兼留作私人紀念。有瀆清神，尤深感愧。

專此，順頌撰祺。此致商務印書館。

陳寅恪拜啓，卅二年八月廿五日。

附《唐代政治史述論稿》正誤表四頁。

**陳寅恪**（一八九〇—一九六九），字鶴壽，江西修水人。近現代歷史學家、古典文學家、語言學家。中華人民共和國成立後，當選爲中國科學院社會科學部委員、中央文史館副館長。著有《隋唐制度淵源略論稿》等。

敬啓者 拙著唐代政治史述論稿如再版時希
貴館將正誤表一併印入附於書後不勝感激之
至又 該書原稿請
擲還因 鄙人欲得當日手寫之稿以備查閱兼留
作 私人紀念 有瀆
清神尤深感愧專此順頌
撰祺 此致
商務印書館

附唐代政治史述論稿正誤表四頁

陳寅恪拜啓
卅二年四月廿五日

# 袁克文致喻逸芬書札

逸芬弟左右：

久不通訊，念念。

佩芬近象，弟可寄我。弟入晶館甚佳，惟大報華事闌珊爲可惜耳。耀亮常見否？見時可爲我道念。渠來書皆收到，因無佳况，故未即復，亦望告之。

兄約明春可南游。今病卧已月餘，猶未能起床，終日羸卧，百無聊賴，弟可常常來書以代晤對。

《金剛鑽》報可改寄雨宜里。弟近居何所？幸示我。老五見否？翦髮後造象胡未見寄？如寄，亦寄雨宜里。

此問近祉。

兄制文白。

大雄暨諸友生一一道念。

**袁克文**（一八九〇—一九三一），字豹岑，號寒雲，河南項城人。袁世凱次子，『民國四公子』之一。旅居上海多年，爲上海《晶報》主筆。好研究金石古錢，工書法，能詩詞，擅昆曲。著有《寒雲詞集》等。

逸吾弟左右久不通訊念、
佩嘗近象弟可寫我
弟入晶館茲佳惟太款嘗
事瀾淵、為可惜耳耀、亮常
見召見時為我道念渠來
書皆收到因無佳說故未即
復所望告之兄鐸明晉可南
遊令之病外王月略獨來施送

床絲白鸂以百三之鵰鞍
而可帶之來書以代暗對金
銅鑽都可改寄兩宜里
知近居何所幸示我老五
見否罷髮度脂象胡未見
寄以定寄兩宜里此間
近祉　兄制文白
大雄隱一諸友生一一道念

# 胡適致曹梁廈、胡敦復、胡憲生書札

良廈、敦復、憲生諸位先生：

北大數學系學生（第三學年）蔣圭貞女士近因北大教員紛散，不願北上繼續求學，甚盼能轉入大同肄業。蔣女士成績甚佳，在上海之教員如顔任光、吴緝熙諸先生皆可爲她證明。但此時北大改組，無人負責，不能得正式轉學證書。可否請諸位先生體恤此種特别情形，變通辦理，先准她轉學，然後俟北大恢復後補繳證書？

蔣女士在我家中寄居有年，我深知其爲人，故樂爲介紹。至於轉學應有之他項手續，請面告她，使她知所遵行。此時上海絶少專治高等數學的地方，若大同不能許她轉學，她便没有求學之所了。千萬請給她一種指導與援助，感謝，感謝！

胡適，十六、八、廿一。

鈐印：胡適適之之璽（朱）

**胡適**（一八九一——一九六二），字適之，安徽績溪人。近現代文學家、思想家。以宣導『白話文』、領導新文化運動聞名於世。曾任中國公學校長、北京大學文學院院長、北京大學校長。

良夏
敦復　諸位先生：
憲生

北大數學系學生（第三學年）蒋圭貞女士近因北大教員紛散，不願北上繼續求學，甚盼能轉入大同肄業。蒋女士成績甚佳，在上海之教員如顧任光吳維熙諸先生皆可為她證明。但此时北大改組，無人負責，不能出正式轉学證書。可否請諸位先生體恤此種特別情形，變通办

理，先准她轉学，然后俟陕恢復后補
繳証书？
濤在家中寄居有年，亦深知其為
人，故樂為介紹。至于轉学有否他項手
續，請　面告她，使她知所遵行。此間同時
上海絕少专治高等數学的地方，若大同不
能許她轉学，她便沒有求学之所了。千万請
給她一種指導与援助。感謝之！

胡適
十六，八，廿一。

## 陶行知致王雲五書札

雲五先生大鑒：

久未晤教，曷勝懸念。現戴君白桃有《兒童科學故事》一册，特爲介紹。如蒙收買印行，當與兒童有益。白桃君近年研究兒童科學頗有心得，所寫文字亦合兒童心理。

專此介紹，敬祝康健。

弟陶知行啓，二二、六、三。

**陶行知**（一八九一—一九四六），安徽歙縣人。近代民主革命家、教育家。曾赴美國哥倫比亞大學留學。一九三五年後，投身抗日救亡運動，與沈鈞儒等聯名發表的《團結禦侮》宣言，曾得毛澤東覆信表示支持。去世後，被譽爲『人民教育家』『萬世師表』。著有《中國教育改造》等。

188

雲五先生大鑒：久未晤教，曷勝懸念。現戴君白桃有兒童科學故事一冊，特為介紹，如蒙收買印行，當與兒童有益。白桃君近年研究兒童科學頗有心得，所寫文字亦合兒童心理，專此介紹。敬祝

康健

弟 陶知行 啟

二二、六、三

# 劉文典致王雲五書札

雲五先生左右：

手教奉悉，拙著《莊子補正》雖費時將近十年，然學問上之著作究非貨物可比。承允以千五佰金購買，出價不可謂不豐矣。惟弟子許君駿齋所爲《吕氏春秋集釋》，清華大學尚以二千金收之。弟忝爲其師，稿費似不可較少。然此猶其小焉者也。北大同學系教員某君有新 Cilion 牌汽車一輛，因陰曆年關需款，允以二千數百圓相讓，已有成説。弟之財力僅足辦零數，故願以雜著《宣南雜識》相讓，意在凑足二千圓之數。憶民十五年薄游滬上，鈔録札記二册（《三餘札記》），尚蒙給價三百圓。拙著《宣南雜識》分量既倍於前書，所言又皆清代掌故，朋輩讀之，皆亟稱其有趣，作價五百或不過昂。若《莊子補正》算二千，則《宣南雜志》即作爲奉送可也。售車之某公亟待款用，弟之賤價售稿亦正爲買其汽車，倘某公不能久待，賣之它（他）人，則弟既不需款用，只得作罷矣。倘承俯允，弟當在北平貴館稿款兩交也。

專此，敬頌撰祺，不一。

弟劉文典再拜，一月十五日。

拙著《説苑補正》願遵命照版税辦法。典再拜。

弟近年因北大、清華均不欠薪，粗可自給，本無售版權之必要，徒因某公之車購甫兩月，貶價出讓，弟手邊適無多金，故特奉商。此事成否，可以一言而决。務懇先生於十日内賜覆，决定成交。弟書北大、清華均可印行，坐收版税，久而且豐，因車主需款甚亟，囑弟催詢耳。倘伊在十日期内覓得售主，則作罷論可也。惟劉向《説苑斠補》（或名補正）與《宣南雜識》二書，仍可照版税法，請貴館印行也。

典再拜。

**劉文典**（一八九一—一九五八），字叔雅，安徽懷寧人。近代民主革命家、文學家。民國時期，曾任孫中山秘書、北京大學教授、國立安徽大學校長、清華大學國文系主任。著有《淮南鴻烈集解》《莊子補正》等。

雲五先生左右　手教奉悉　拙著莊子補
正雖費時將近十年然學問上之著
作究非物質可比承　允以千五佰金
購買出價不可謂不豐矣惟弟子
許君駿齋所為呂氏春秋集釋清
華大學尚以二千金收之弟為其
師稿費似不可較少然此猶其
小焉者也北大國學系教員某君

有新Citroen牌汽車一輛，因陰曆年關需款，允以二千數百圓相讓，已有成說，弟之財力僅足辦零數，故願以雜著「宣南雜識」相讓，意在湊足二千圓之數。憶民十五年薄遊滬上，鈔錄札記二冊（三錄札記）尚蒙給價三百圓，拙著宣南雜識分量既倍於前書，所言又皆清代掌故，朋輩讀之，皆亟稱其

163

有趣作價五百或不過昂若莊子補
正算二千則宣南襍誌即作爲奉
送可也售車之某公亟待款用弟
之賤價售稿亦正爲買其汽車備
某公不能久待賣之它人則弟既不需
款用只得作罷矣倘承　俯允弟當
在北平　貴館稿款兩交也專此敬頌
撰祺

弟劉文典再拜

一月十五日

拙著說苑補正願遵　命照版稅辦法　典再拜

弟近年因北大清華均不欠薪，粗可自給，本無售版權之必要，徒因某公之車備甫兩月，賠償出讓，手邊適無多金，故特奉商此事。成否可以一言而決，務懇先生於十日內賜覆，決定成交。弟書北大清華均可印行（因車主需款甚亟，囑弟催詢耳。）（坐收版稅久而且難望。）倘伊在十日期內覓得售主，則作罷論可也。惟劉向說苑斠補（或名補正）與宣南雜識二書仍可照版稅法請貴館印行也。典再拜

# 吴湖帆致陳子清書札

叠示均悉。百耐往湘，不知經滬否？前日欲索弟畫荷扇，尚未爲之屬筆也。君匋選事（今日見報矣）不知有效否？弟向商務所印《梅花喜神譜》已送來，尊處館中亦贈一部，覓便呈上。至私人方面暫停贈送。如分配圖書館有餘，當爲吾兄留出一部。

文氏扇面并不十分精緻，弃之亦不可惜也。邵彌畫梅卷有便（或一詢劉定之何日來）帶滬，劉定之一跑便一月半月不見。此人裱畫生意一定失敗，如再不從事認真工作，而一味敷衍誤事，弟必向馬叔平處挑剔，换人經辦。兄晤時希轉及之。

子清老兄台安。恭甫弟均此。

弟湖頓首。

**吴湖帆**（一八九四—一九六八），字東莊，號倩庵，江蘇吴縣人。近現代鑒藏家、書畫家。吴大澂孫。收藏甚豐，精鑒别、填詞。山水宗『四王』、董其昌，上溯宋元各家，以雅腴靈秀享譽畫壇。

疊示均悉，可耐往湘不知經濟否？前日欲

索弟畫展廣告為求為之序者也，君函送事。字日見報矣

不知有效否？弟向商務承印梅花喜神

譜已送來，另寄銀中六贈一部，覓便呈上。

并秋八方函贈續送，如分配圖書館有存，

者為之。兄留存一部。文民之冊函並不十

吳湖帆畫師事務所用牋
陳子清

今將徵集之亦不可得也郭孫畫檢卷
有便我一詢劉（定之約日來）常虎劉定之一諾便一月半（不願）
此人裱畫出之定之失敗此再不從事裱
其工作而每一味敷衍誤事亦必向馬緒平
處把刷換人經辦光照時希賜及之
即頌
佳老兄台安　弟湖帆
芬甫亦均此

吳湖帆
陳子清　畫師事務所用牋

# 徐悲鴻致吳俊升書札

俊升學長惠鑒：

石永楙先生所著《群經正》，如足下以爲可，可否即由正中刊行？因可藉正中之廣大，期其沾溉普遍也。至少爲之寄售已刊諸書以宏教化。深望大力爲之支持。

弟去年應某刊物寫成《中國現代美術》，溯自前清末葉至目下情況，凡一萬二千餘字，插圖八十餘幅，擬由正中出版，未知足下以爲可否？如蒙允准，當將稿本寄閱，懇賜一覆，拜感無極。

敬請道安。

弟悲鴻頓首，二月廿二日。

**徐悲鴻**（一八九五—一九五三），江蘇宜興人。近現代畫家、美術教育家。曾入震旦大學學習繪畫，又留學法國學西畫，歸國後長期從事美術教育。曾任中國美術學院院長、國立北平藝術專科學校校長、中央美術學院院長。

國立北平藝術專科學校

俊升學長惠鑒：石永楙先生所著《羣經正》，如

足下以為可否，即由正中刊行，因其精正中之廣大朗共沾溉普遍也。並乞為之寄售已刊諸書，以宏教化。深望

大力為之支持也。去年應某刊物寫成「中國現代美術」潮，自前清末葉至目下情況，凡一萬二千餘字，插圖八十餘幅，擬由正中出版，未知

足下以為可否。如蒙

允准，當將稿本寄閱。懇

賜一覆，幸甚無極。敬請

道安

弟 悲鴻頓首

二月廿二日

# 鄒韜奮致胡適書札

適之先生：

上年十二月底寄由先生轉交世界叢書社拙譯杜著稿件一束，至今兩個多月了，未得一點消息。現寄上郵票十分，如該社不收此稿，請先生即爲寄還。如先生并未收到，亦請寫幾個字告訴我。當時此稿是用掛號付寄，得信後可往郵局調查的。如該社以爲可用，也望示及，我便把全書寄上。總之請先生明白見示，免我如陷五里霧中。

祝你健適。

鄒恩潤上，三月十日。

**信封**：北京，北京大學内第一院，胡適之先生。

上海二洋涇橋廿一號鄒恩潤械（挂號）

**鄒韜奮**（一八九五—一九四四），原名恩潤，江西余江人。近代新聞記者、政論家、出版家。民國十年（一九二一），畢業于上海聖約翰大學。九一八事變後，從事抗日救亡運動。

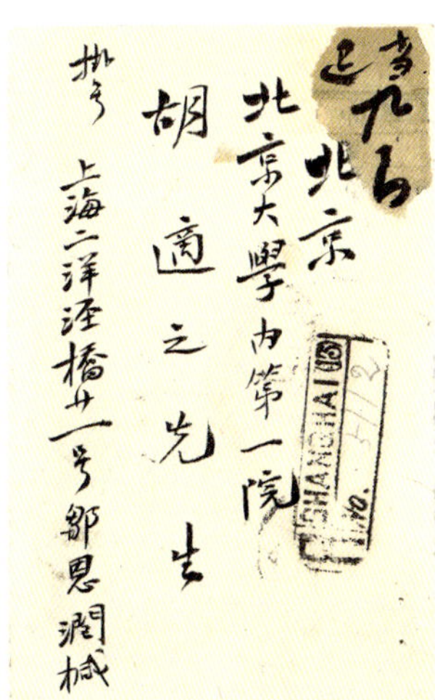

適之先生：上年十二月底寄由 先生轉交世界叢書社拙譯拙著稿件一束，至今兩個多月了，未得一点消息。現寄上郵票十分，如該社不收此稿，請 先生即為寄還。如 先生并未收到，亦請寫幾个字告訴我。當時此稿是用掛号付寄，得信即可往郵局调查的。如該社收為可用，也望 示復，我便把全書寄上。總之請 先生明白見示，免我久陷五里霧中。祝 你健適。

鄭恩潤上 三月十日

上海藝學社監製

# 傅斯年致李濟書札

濟之吾兄：

惠電收悉，感甚感甚。又見兄寄雪艇信，電謂由瀘轉渝，信謂先到李莊再來此，似稍异。弟俟内子到此後，稍稍安置便直赴李莊，其期當在本月下旬之中。弟動身時，當電告實君兄，希望勿相左，以勞兄在渝或李莊久候也。兄到瀘後，先來此或先去李莊，乞即來一加急電，俾弟决定行期。

專拜旅安。

弟斯年頓首，十二月十三日。

**傅斯年**（一八九六—一九五〇），字孟真，山東聊城人。近現代教育家、歷史學家。中央研究院歷史語言研究所創辦者。曾任北京大學文科研究所所長、代理校長。著有《東北史綱》《古代中國與民族》等。

詠霓吾兄：惠書敬悉，或當了了。承兄

之意，電報悉。電詢由濱赴渝，信謂先到

孟真再來亦似稍遲。弟俟由南京回，始或稍安，

宜便直赴孟真處，共研書立於月下旬之中。弟

約月時寄電告實見之，希望勿相左。此時

之女，論或孟真處大便也。之別讓成，先生或先告

孟真也，即來一加急電，俾弟決定行期。專此

旅安

弟元培敬上

七月廿七日

國立中央研究院用箋

# 溥儒致張其昀書札

曉峯先生有道：

章甘霖君爲故友侯甦民先生多年僚屬，前於浙贛鐵路服務時早親教益，來臺後知先生翊贊中樞，未敢輕於冒瀆。頃以其夫人薛女士待命，隨省府疏遷臺中，兩地生活困難。先生總綰教育，廣厦萬間，懇賜一枝之寄。薛女士敦品能詩，時相過從，尤所素諗。茲介章君趨謁，尚乞推愛成全，同深感幸。

耑頌勛綏。

溥儒謹啓。

**溥儒**（一八九六—一九六三），字心畬，號西山逸士，愛新覺羅氏。近現代書畫家。曾留學德國。篤嗜詩文、書畫，皆有成就。山水、花鳥、人物無一不精，與張大千有『南張北溥』之稱。

曉峯先生有道：章甘霖君為故友侯甦民先生多年僚屬，前於浙贛鐵路服務時，早親教益。本年壹後知先生調續中樞，未敢輕於冒瀆。頃以其夫人薛女士待命隨眷府疏遷台中，兩地生活困難

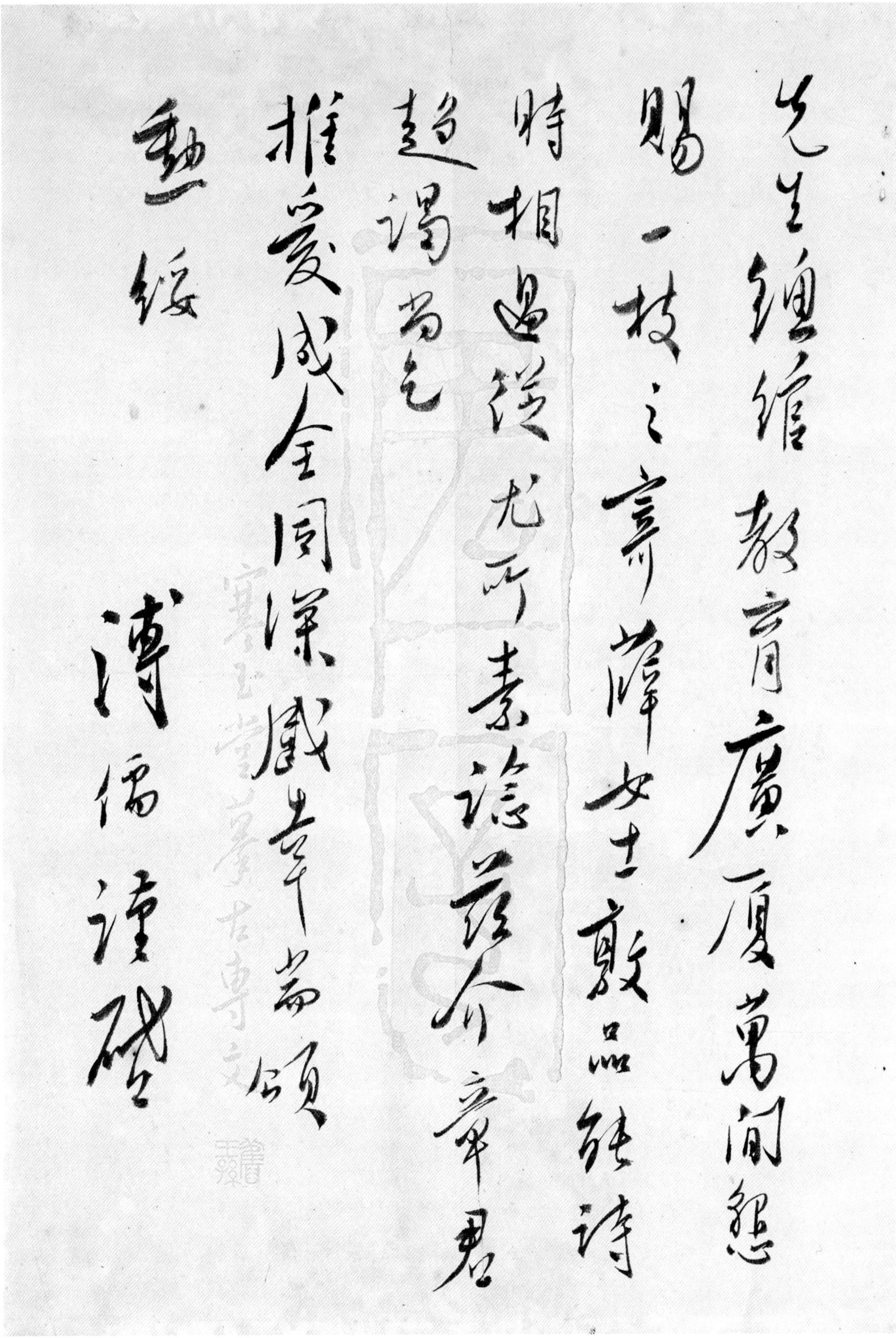

先生鍾繪教育廣廈萬間懇
賜一枝之寄薛女士敷品能詩
時相過從尤所素諗兹介章君
趨謁尚乞
推愛成全同深感幸尚頌
勛綏
溥儒謹啓

## 陳之佛致阮毅成書札

毅成老兄左右：

久未晤教，政躬清健爲頌。

茲有奉瀆者，自餘姚劃爲綏靖區後，即有軍隊駐扎滸山鎮。彼時，舍間（即餘姚滸山東門外陳曉記）房屋部分讓駐軍隊，雖感種種不便，猶幸尚能相安。今接舍間來函，據云前駐軍隊換防後，繼來部隊（隊長錢南屏）情形似不相同，近復欲將曉記園地平作操場，并令將先父母墳塋他遷，聞之惶悚無地。

緣曉記園地爲數家平日蔬食所由出，一旦平作操場，必將影響彼等之生計，且其中亦有貧寒之家，頓失其所賴以糊口之資，更爲惶急。

至於遷墳之舉，則弟亦期期以爲不可。一則先父母於卅年去世，卜葬未久，遽欲遷移，非但逝者不安，爲人子者亦何忍出此？二則物價狂騰，工料俱昂，經濟力量亦有爲難處。素蒙垂愛，敢將實情馳告，懇求鼎力設法阻止，此恩此德，存殁均感。

查滸山鎮上盡多祠堂廟宇，倘軍隊肯離民房，借駐其間，實屬兩得其便，想尊見亦必爲然也。瑣屑奉瀆，幸乞鑒諒，并祈惠復，至感至禱，敬頌潭福。

弟陳之佛拜啓，四月十一日。

鈐印：陳之佛印（朱）

**陳之佛**（一八九六—一九六二），初名紹本，號雪翁，浙江餘姚人。近現代畫家、美術教育家。畢業于日本東京美術學校。回國後曾任中央大學教授、國立北平藝術專科學校校長。

毅成老兄左右：久未晤叙，政躬清健為頌。前有奉瀆，者自餘姚劃為綏靖區，即有軍隊駐紮滸山鎮，借住舍間（即餘姚滸山東門外陳曉記）房屋部分讓駐軍隊，雖感擁擠不便，猶幸尚能相安。今接舍間來函，據云家駐軍隊換防後，速來部隊（隊長錢南屏）情形似不相同，且復欲

將墳所園地平作操場並令將先父母墳塋
他遷聞之惶悚無地緣墳所園地為數家
平日蔬食所由出一旦平作操場必將影響
彼等之生計且其中亦有貧寒之家頓失
其所賴以糊口之資更為惶急亦於遷墳
之舉則弟亦期以為不可一則先父母於卅
年去世下葬未久遽欲遷移非但逝者不安

為人子者亦似君出此之刻物價狂騰之秋但
弟經濟力量亦有為難至素常
承愛敢將寔情相告竊求
盡力設法以此恩此德存殁均感查游山鎮上
係家祠寺廟宇倘軍隊皆離民房借駐其間
寔屬兩有受便枉
第只亦似為我分頭屑奉讀章之
賢勞並祝惠復至感至禱敬叩
禪福弟陳之拜啓四月十日

## 郁達夫致王映霞書札

霞君惠鑒：

二月八日的信，今天纔接到，我已經了解你的意思。杭州决定不來了，但相逢如此，相别又是如此，這一場春夢，未免太無情了。

中國人不曉得人生的真趣，所以大家以爲像我這樣的人，就没有寫信給你的資格。其實我的地位，我的家庭，和我的事業，在我眼裏，便半分錢也不值。假如你能 understand me, accept me,（理解我，接受我）則我現在就是生命也可以犧牲，還要説什麽地位，什麽家庭？現在我已經知道了，知道你的真意了。人生無不散的筵席，我且留此一粒苦種，聊作他年的回憶吧！你大約不曉得我這幾禮拜來的苦悶。我現在正在準備，準備到法國去度我的殘生。

王女士，我們以後，不曉得還有見面的機會没有？

二月十日，達夫。

你説我這一回去杭州的動機是不應該，我真失望極了，傷心極了。達夫又及。

**郁達夫**（一八九六—一九四五），浙江富陽人。近代作家，革命烈士。創造社發起人之一。在文學創作的同時，積極參加各種反帝抗日組織，先後在上海、武漢、福州等地從事抗日救國宣傳活動。民國三十四年（一九四五）九月，被日軍殺害于蘇門答臘島叢林。

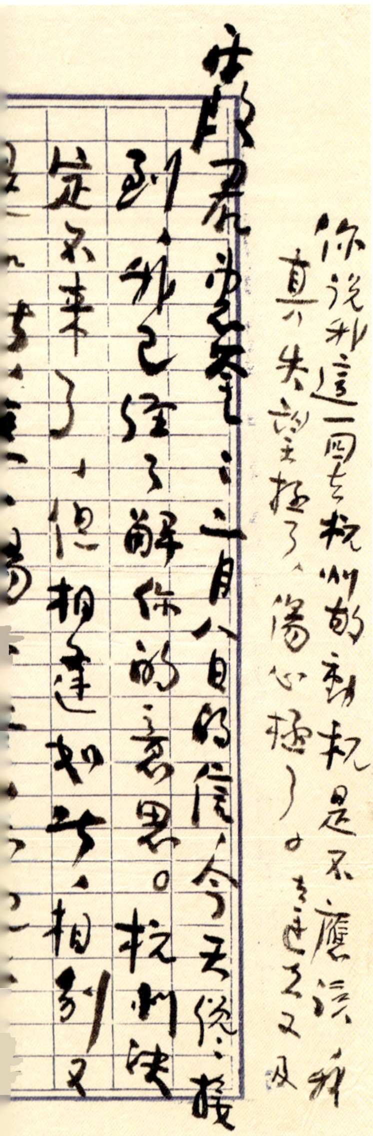
你說我這一回去杭州的動機是不應該，我真失望極了，傷心極了。達夫又及
霞君惠鑒：二月八日的信，今天纔接到，我已經了解你的意思。杭州決定不來了，但相逢如此，相別又

中國人不曉得人生的真趣,所以大家以為像我這樣的人,就沒有寫信給你的資格。其實我的地位,我的家庭,和我的事業,在我眼裏,值半分錢也不值。假如你於 Understand me, accept me. 則我現在就是生命也可以犧牲,還要說什麼地位,什麼家庭呢!現在我已經知道了,知道你的真意了。人生無不散的筵席,我且當他是一粒芥種,聊作他年的回憶吧!你大約不曉得我這幾禮拜來的苦悶。我現在正在準備,準備到法國去度我的餘生。王女士,我們以後不曉得還有見面的機會沒有?

二月十日 達夫

# 徐志摩致蔣百里書札

To General Tsiang. With regret for not having met you. Rabindranath Tagore. June 15, 1929.（贈蔣將軍。很遺憾沒能見到你。泰戈爾，一九二九年六月十五日。）

此泰翁去年歸時書贈我叔者。昨聞翁又病困在美，慮不永年。偶檢舊籍，得此奉去。烟雲聚散，能毋興感？

此上福叔。

志摩，十二月十三日。

**徐志摩**（一八九七—一九三一），字槱森，浙江海寧人。近代詩人、散文家。民國時期，曾任北京大學、大夏大學、中央大學教授。發起成立新月社。著有《翡冷翠的一夜》《愛眉小札》等。

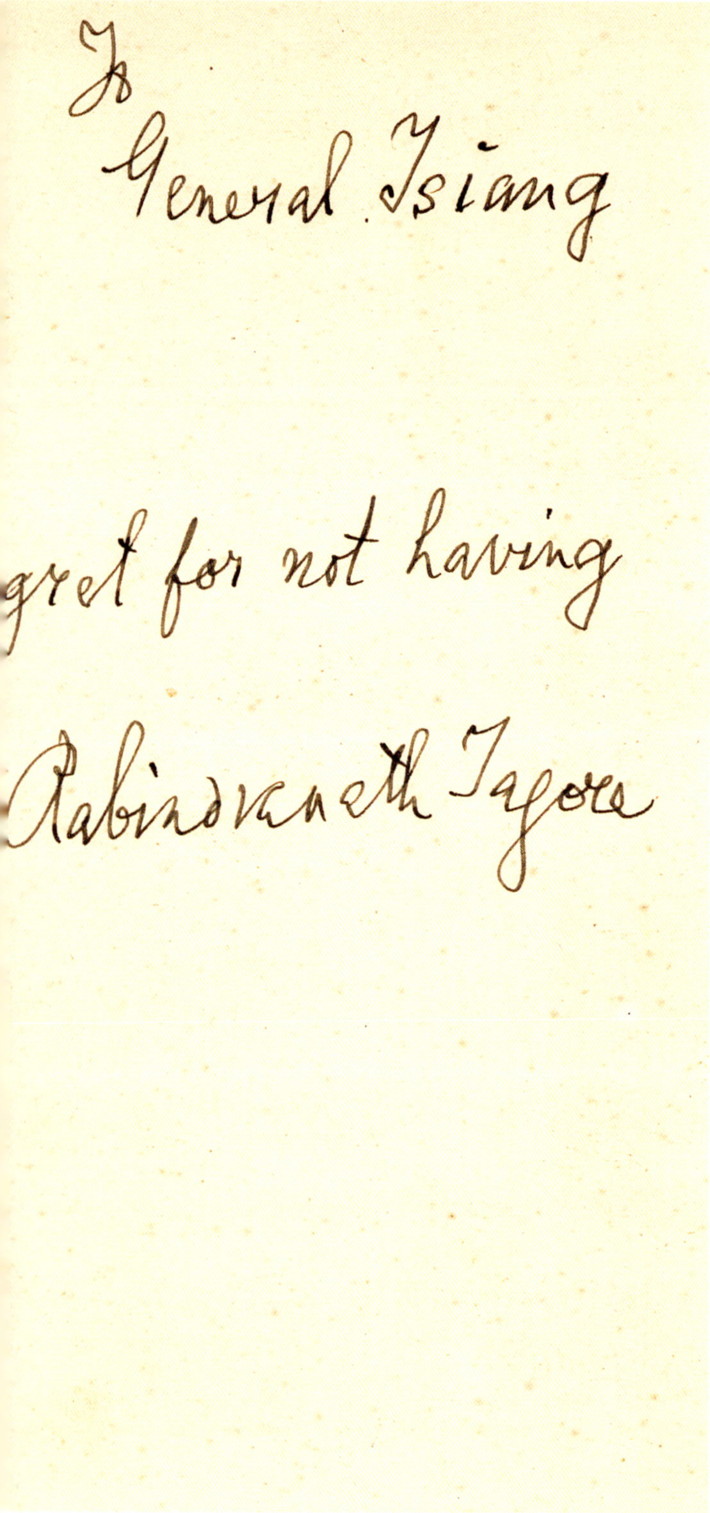
To General Tsiang
gret for not having
Rabindranath Tagore

此春為去年歸時書贈那林者，昨閱箱又為困在美處不知年，偶檢舊籍得此奉去，煙雲零散，能毋興感也二

福林

志摩

十二月十二日

MESSAGE
MARITIM

With
met

June
19

# 羅家倫致曹梁廈書札

惠群先生道席：

大示敬悉。世事誠多可慨者，亦祇可盡其在我。培養氣節，爲叔世挽回劫運之要圖，敢不追隨先生之後以致棉薄？承介紹簡禹先生，自係家學淵源而復得海外宗師薰陶者，無如中大化學系下學年人選已於六月三十日以前全部决定，計有五六人之多，尤以有機方面爲人衆。聞命較遲，以致遺賢，無任惶悚。如有機緣，容再報命。

專此，敬頌道祺。

學生羅家倫敬肅，七月十日。

**羅家倫**（一八九七—一九六九），字志希，江西進賢人。近現代教育家、思想家、社會活動家。五四運動的學生領袖和命名者。曾任清華大學、國立中央大學校長。

惠庵先生道席：

大示敬悉。此事誠為弟疏忽之誤，

弟負其責，在我猶之屢氣象即為拜母

撥回初選之要圖，歉不遑隨

先生之後以改標為承

介紹以簡馬先生自係家學浦深

而後得海外學術之薰陶者之如中大化學系下學年人選已於六月三十日以前全部決定計有五六人之多尤以有機方面需要人最亟而命發展以致違望無任惶悚為有機儀器容再報命專此敬頌

道祺

學生羅家倫謹上 七月十四日

# 朱自清致朱之彦書札

之彦侄鑒：

前得來信，得悉闔府安好，爲慰！之俊、之咏兩侄婚事即將舉辦，尤所欣慰！茲寄上國貳拾萬元，作爲兩侄添香之用，數目甚小，聊表微意而已。近清發胃疾甫愈，不能多字，即問近好！

自清、竹隱手啓，廿日。

**朱自清**（一八九八—一九四八），字佩弦，號秋實，江蘇揚州人。近代散文家、詩人、學者。民國十四年（一九二五）任清華大學中文系教授，後留學英國。回國後，歷任清華大學、西南聯大中文系主任。著有《朱自清文集》等。

國立清華大學用箋

立彥侄鑒：前得來信，得悉閤府安好，為慰。俊之詠和侄婚事，已將草丹，尤所說感。茲奉上國幣貳拾萬元，備為和侄添香之用，數目甚小，聊表微意而已。近以胃疾時發，不能多寫，即問近好。

朱自清手啟，廿日。

# 傅抱石致林雪岩書札

林雪岩同志請轉負責同志：

在寧晤談多次，托請各項，未見社中置答：

一、拙作《湖上泛舟》原作，出版已久，未蒙退回，不知何故，請即退回。

二、拙稿《中國之人物畫與山水畫》一書，係一九五五年上海文化出版社轉移稿件（與《山水人物技法》同時辦理的），而經社中表示立即出版者。以後，經作者加以修改，亦於一九五八年四月寄上全稿。社中疊次見告，即將付印；但迄未實行。此稿，何時發稿，或不擬發稿，均請詳示。

三、《石濤》約稿，延期已久。前聞社中有石濤畫册發稿之時，而今年創作較忙，無暇及此。玆請予解約。至預支稿費，留待扣除或由我退還，均可。望函告，遵辦。

四、《山水人物技法》一書出版以來，似尚暢銷。近聞自去年七月以後，又有增印。我堅不相信。因爲增印，社中必須通知作者，不能不理作者。究竟確否，請查核清楚，按手續辦理，爲盼。

此致敬禮，并祈迅予示復。

傅抱石，三月廿三日。

這幾件事，年來不知函詢多次。故此信，務乞惠復，弗再不理。爲叩。

**傅抱石**（一九〇四—一九六五），原名瑞麟，號抱石，江西新喻人。近現代書畫家。早年留學日本，回國後執教于中央大學。中華人民共和國成立後，曾任江蘇省國畫院院長、西泠印社副社長、中國美術家協會副主席等。

林雪岩同志请转
负责同志：

在宁晤谈多次，托请各项，未见社中置答：

① 拙作「湘上送舟」原作，出版已久，未蒙退回，不知何故，请即退回。

② 拙稿「中国的人物画和山水画」一书，系1955年上海人民出版社（写明收人名、书法，同时办理的）诗稿稿件面值 社中表示并印出版者。以后，经作者加以修改，并于1958年四月寄上全稿。社中叠次见告，即将付印；但迄未实行。此稿，何时出版，或不拟出版，均请详示。

③「石涛」的稿，延期已久。前 社中有「石涛」画册的出版稿子时，而今年创作较忙，无暇及此，恭请 予解约。至预支稿费，留待扣除，或由我退还，均可。请 函告，以便办。

④「山水、人物技法」一书，出版以来，仍尚畅销。近闻自去年七月以后，又有增印。我坚不相信。因有增印，社中也须通知作者，不能不理作者。究竟怎样，请 查核情况，换手续办理，为盼。

此致
敬礼，并祝
新禧

傅抱石 三月廿二日

这几件事，年来不知函催了几次，故此次务乞查复，并再不理，如门。
迅予示复。

圖書在版編目（CIP）數據

往來成古今 ： 近現代名人書翰百通 / 夏子魁編. -- 杭州 ： 西泠印社出版社, 2021.11
（魚傳尺素）
ISBN 978-7-5508-3569-6

Ⅰ. ①往… Ⅱ. ①夏… Ⅲ. ①名人－書信集－中國－清后期②名人－書信集－中國－民國 Ⅳ. ①K820.5

中國版本圖書館CIP數據核字(2021)第219545號

墨 韵

魚傳尺素

# 往來成古今

## 近現代名人書札百通

夏子魁 編

出品人 江吟
品牌策劃 來曉平
封面題簽 傅申
封底篆刻 陸昱華
責任編輯 譚貞寅
責任出版 馮斌强
責任校對 徐岫
出版發行 西泠印社出版社
（杭州市西湖文化廣場三十二號五樓 郵政編碼 三一〇〇一四）
經銷 全國新華書店
設計製作 杭州漢罡文化創意有限公司
印刷 浙江海虹彩色印務有限公司
開本 八八九毫米乘一一九四毫米 十六開
字數 二〇〇千
印張 十九點二五
印數 〇〇〇一—〇八〇〇
書號 ISBN 978-7-5508-3569-6
版次 二〇二一年十一月第一版 第一次印刷
定價 肆佰玖拾捌圓整

西泠印社出版社發行部聯繫方式：（〇五七一）八七二四三〇七九